盛り上がる

ごちそう見え ごはん

hitomi

講談社

ごちそう見えのポイントは
パッと目を引くひと手間

はじめましての方も、いつもインスタグラムをご覧くださっている方も、この本を手に取ってくださり、ありがとうございます。

私はレシピを考えるとき、「今日の主役、何にしよう?」と考えます。1日頑張った自分や家族をねぎらうためのちょっと特別感ある1品。いずれも特別な食材は使わずおうちにある食材で簡単に作れるものばかり。どうせ作るなら見た目でも楽しめるよう、見せ方にこだわり、盛りつけを工夫。パッと見、手間暇かけたように見えるけど、実は手間を省いて実践可能なシンプルテクニックばかりです。

掲載しているレシピはどれもフォロワーさんや家族から支持されている人気のメニューばかり。副菜=脇役メニューは、よくある材料で、簡単なステップで毎日無理なく作れるレシピたち。彩り豊かで何度でも食べたくなる名脇役です。

「毎日のメニューを考えるだけでおっくう」「手間暇かけても食卓が盛り上がらない」そんなお悩みを抱える方の少しでもお役に立てればと思います。また、この本で楽しみながら食卓を彩って頂けたら嬉しいです。

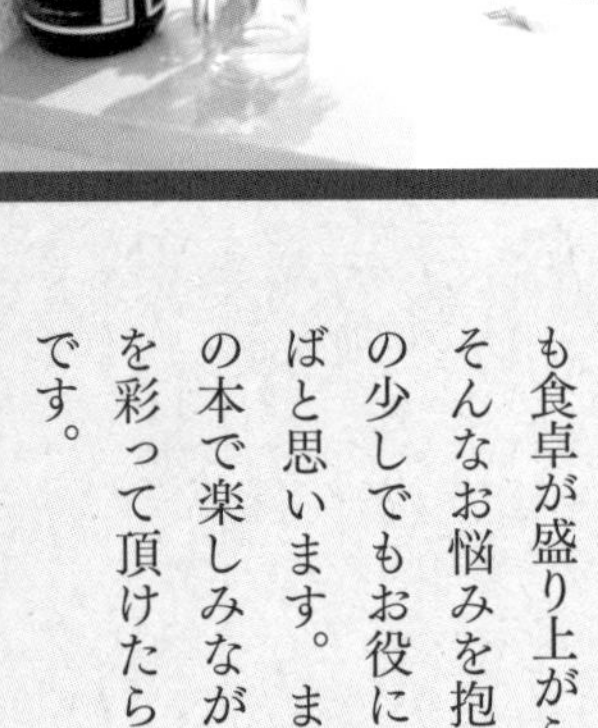

主役の1品に少し手を加えるだけで、手間ひまかけた"ごちそう"感が演出できます

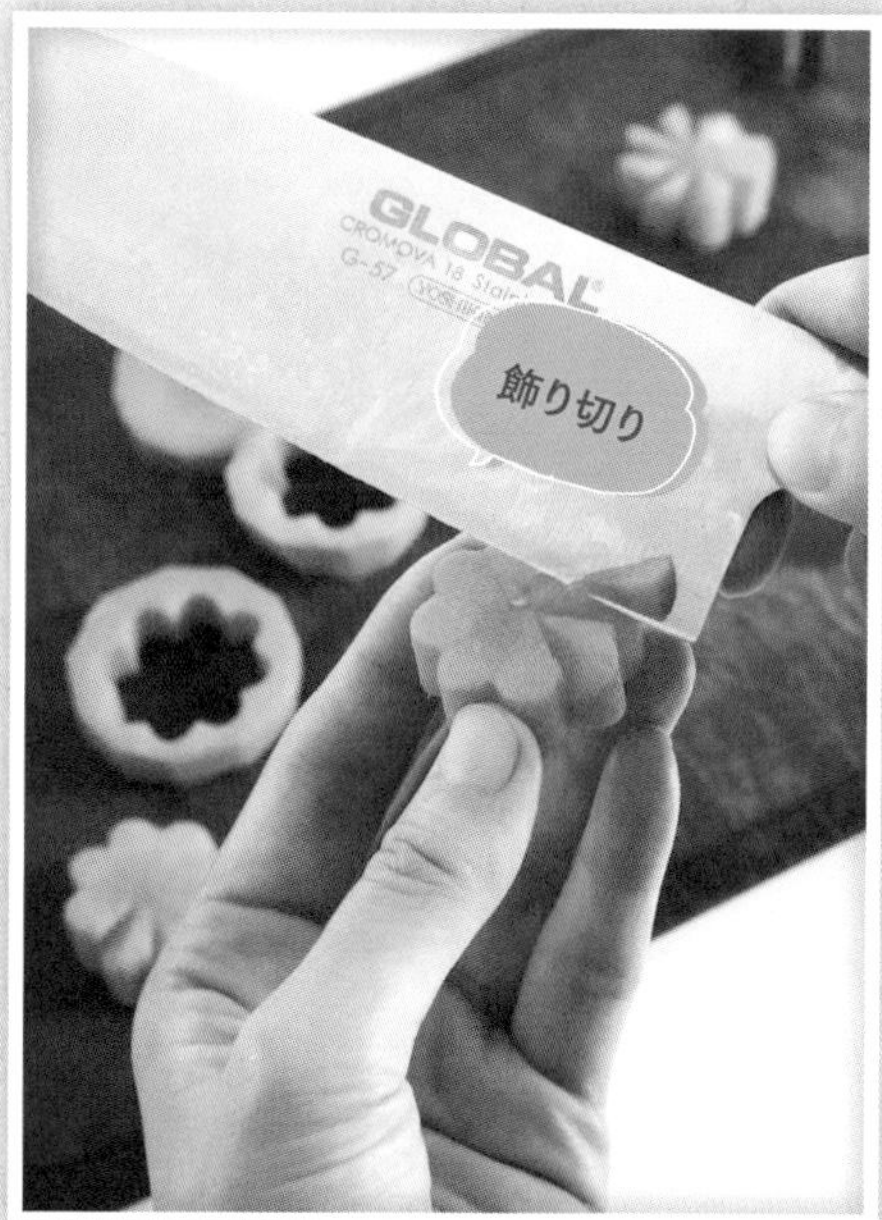

野菜を飾り切りするひと手間で料理がグッとごちそうっぽく

お好み焼きソースを塗った後、マヨネーズで縞模様を描き、竹串で縞に対して直角に線を引くだけでお店レベルに

目次

PART 1 おうちに帰るのが楽しみになる 主役ごはん

PART 2 主役を引き立てる サブおかず

PART 3 週末ごちそうごはん

彩り、栄養バランス、飽きない美味しさ

hitomiさんちでよく登場する

食卓を彩る名脇役

「カラフルミニトマトの蜂蜜マリネ」は可愛いだけでなく、ビタミンC、Aがたっぷり。

定番サラダもきゅうりをピーラーで薄くそぎ、くるくる巻くだけでこんなにかわいく。

さつまいもをサイコロ状に切ることで、カフェサラダっぽい雰囲気に。

小魚でたんぱく質をプラスし、梅干しのクエン酸で1日の疲れをそっと癒す。

PART 1

おうちに帰るのが楽しみになる

主役ごはん

みんなの気持ちを引き寄せる魅力があって
食卓を盛り上げる主役たち。
ちょっぴりお疲れ気味の日も、
思わず元気にしてくれる華やかごはんです。

ラップを使い、形を整える。
酢飯は市販のすし酢を使って簡単に

手毬寿司

調理時間 25 min

18個分

●お刺身（4種類各2切れ）、いくら（大さじ2）、その他具材は適量用意。

1 卵1個で薄焼き卵を作る。あ

2 クッキングシートに取り出し、粗熱が取れたら4等分に切る。い

3 酢飯を作る。熱々のご飯1.5合分に市販のすし酢大さじ4.5を入れてしゃもじで切るように混ぜる。

4 ラップに大さじ1杯強の3をのせ一つずつ丸く握る。一人前9個を2セット作る。う

5 3が冷めたらラップを広げて、具材→酢飯の順で重ねる。え

6 ラップの根元をぎゅっと閉める。お

い

う

え
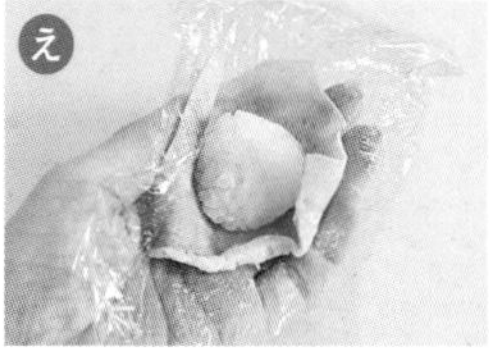

あ

お

調理のPOINT!

P.8写真
左上から
（全7種類）

1段目 Ⓐ大葉＋いか＋レモン、 Ⓑ卵＋いくら、 Ⓒサーモン

2段目 Ⓒサーモン、 Ⓓまぐろ＋レモンの皮、 Ⓐ大葉＋いか＋レモン

3段目 Ⓒまぐろ、 Ⓔ卵＋えび、 Ⓕきゅうり＋いくら

A 大葉＋いか＋レモン

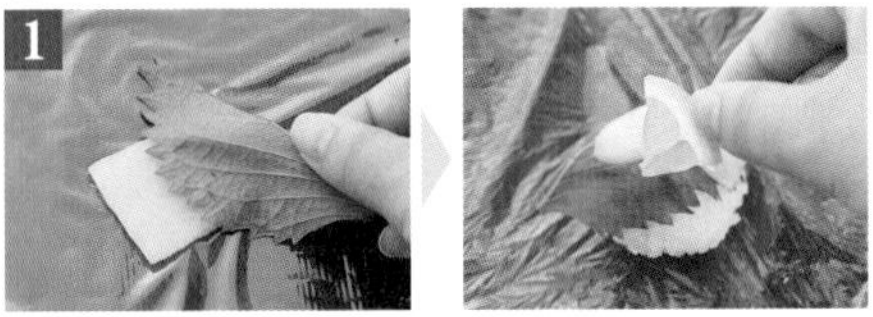

ラップを広げ、いか→大葉の順で重ねてご飯を包み、ラップの根元をぎゅっと閉める。上にレモン薄切りを添える。

B 卵＋いくら

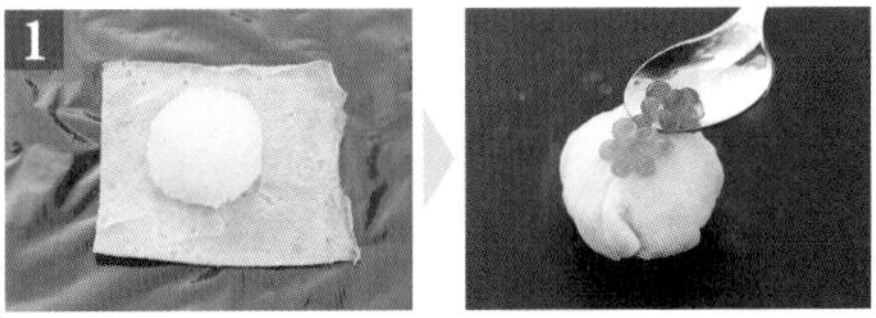

ラップを広げ、薄焼き卵を置いてご飯を包み、ラップの根元をぎゅっと閉める。ラップを外し、いくらをのせる。

C 刺身（サーモン、まぐろ）

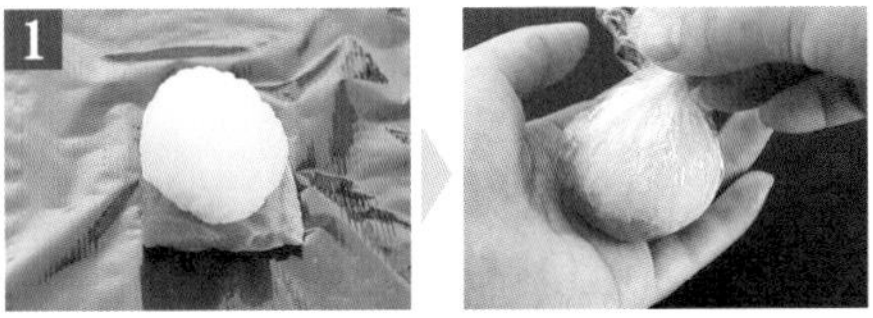

刺身1切れを半分に切る。ラップに刺身を乗せ、酢飯を包み、ラップの根元をぎゅっと閉める。

D まぐろ＋レモンの皮

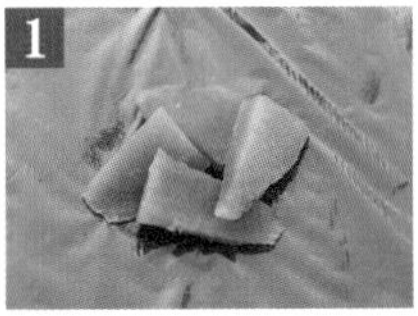

まぐろ刺身1枚を4等分にし、ラップを広げ、ずらして置く。

酢飯を乗せ、包み、ラップの根元をぎゅっと閉める。仕上げにレモン皮（細切り）をのせる。

E 卵＋えび

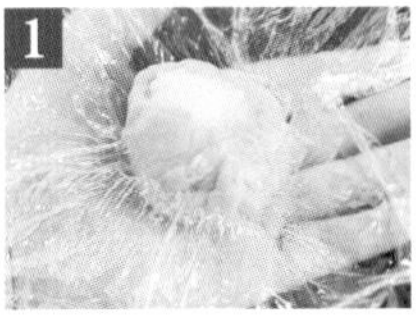

ラップに薄焼き卵を置いてご飯を包み、ラップの根元をぎゅっと閉める。

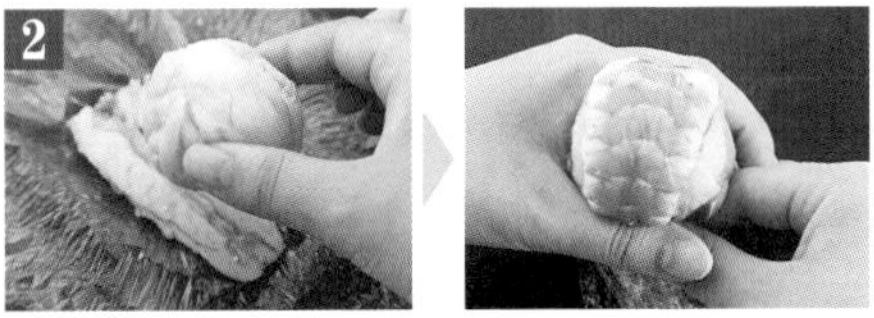

再びラップを開いてえび→1の順に置いて巻く。

F きゅうり＋いくら

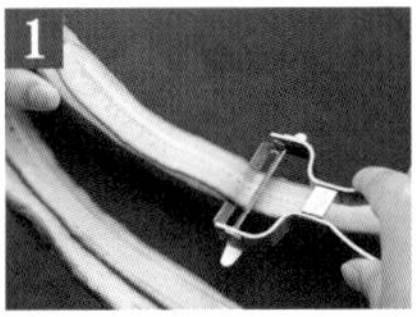

きゅうりをピーラーで薄く切る。

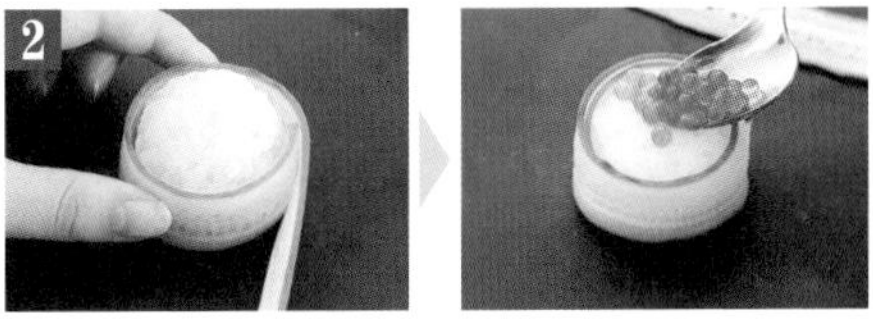

酢飯を巻いて、いくらを乗せる。

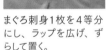

バットを使って簡単押し寿司

うなぎの押し寿司

調理時間 25 min

2～4人分

●バット……縦11㎝横17㎝高さ4.5㎝を使用

1 きゅうり1本(薄切り)に、塩適量をふり5分ほど置いたらよく絞り水けをきる。

2 油を引いて弱火で熱したフライパンに、溶き卵2個入れて薄焼き卵を作り、粗熱が取れたら細切りにする。あ

3 熱々のご飯400gに市販のすし酢大さじ4を入れてざっくり混ぜ、できるだけ手早く冷ます。い

あ
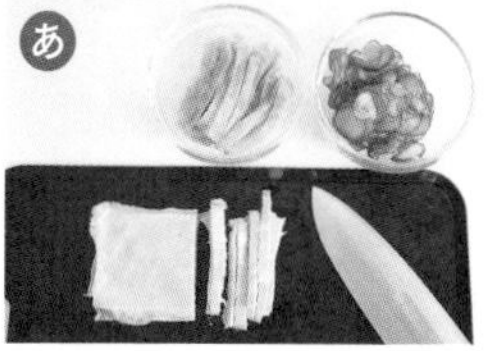

い

4 うなぎ蒲焼250g(1枚)は蒸すかレンジで温める。

5 30㎝幅のクッキングシートにうなぎを乗せ、酒大さじ1をかける a。クッキングシートの手前と奥を重ねて2回折り、両端をひねる。う

6 耐熱皿に乗せ、50秒レンチン b。

7 バットにラップを敷き詰めうなぎの皮目を上にして乗せる c。

8 上に3の酢飯を半量乗せて、ラップ越しに手でぎゅっと押し入れ、2を乗せる d。

9 さらに1を薄く敷き詰め、残りの酢飯を押し入れる e。

10 バットを返して外し、表面にうなぎのたれを塗り、好みの大きさにカットする。器に盛り、木の芽を乗せる f。

う
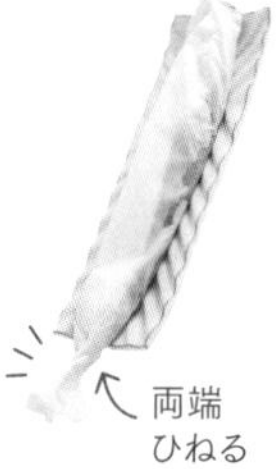

調理のPOINT!

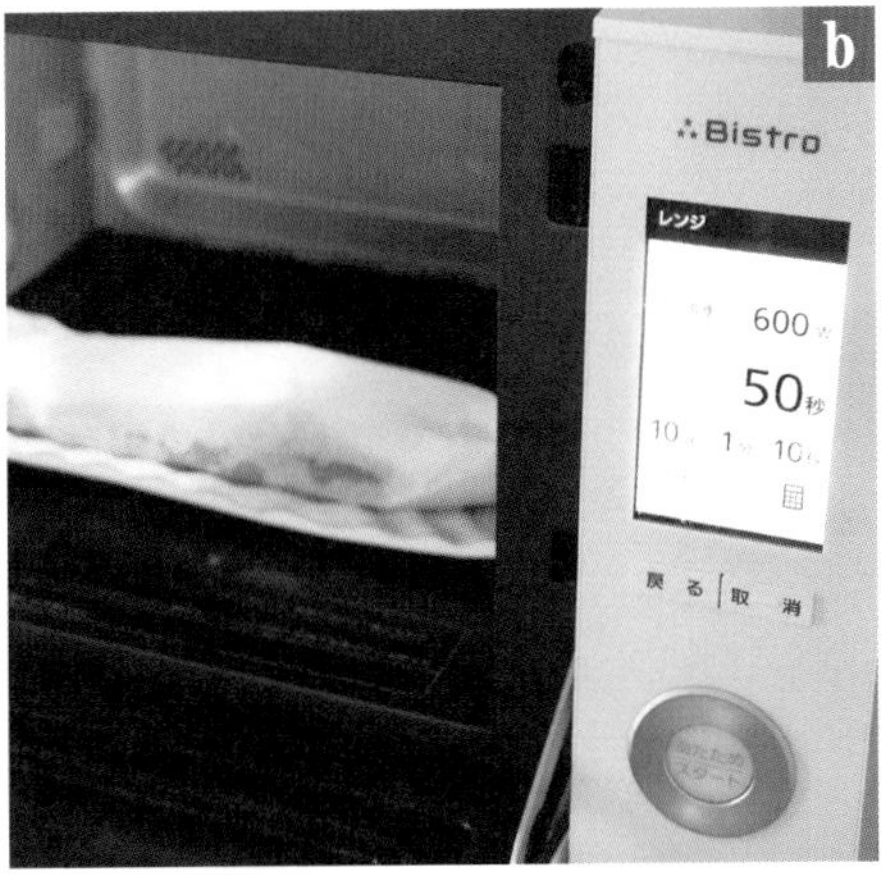

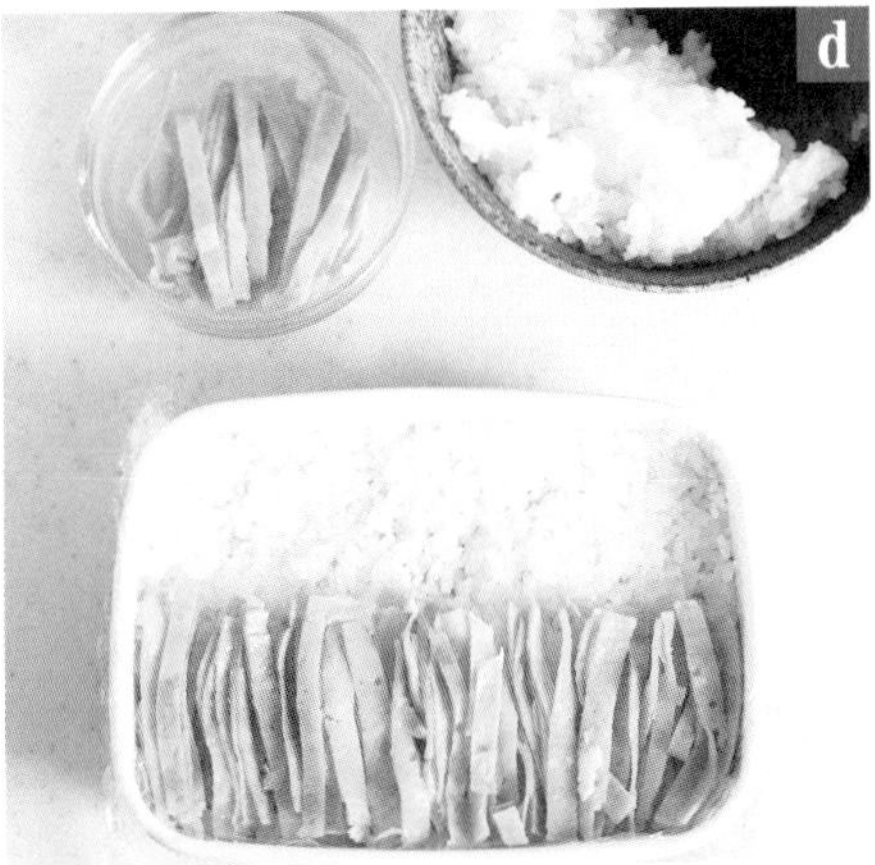

肉は強火で短時間で焼き、
アルミホイルで包むことで絶妙な焼き加減に

ステーキピラフ

調理時間 20 min

2人分

1 牛ロースステーキ肉2枚（300g）を常温に戻し、キッチンペーパーで水けを取る。肉の両面に塩こしょうをふる。

2 フライパンにオリーブ油大さじ1を中火で熱し、皮をむいて薄切りしたにんにく2片分を入れ、焼き色が付いたら皿に取り出す。あ

3 2のフライパンを強火で熱して、肉を入れ両面を1分ずつ焼く。

4 焼き色がついたら取り出し、アルミホイルで包む。い

5 3のフライパンに温かいご飯300g、コーン缶（水けをきる）、バター15gを入れ、塩こしょうをして中火でざっくり混ぜて炒める。

6 バターが溶けたら粗びき黒こしょうをふり、鍋肌から醤油大さじ½を加え、中火でサッと炒める。う

7 器に盛り、カットした肉を断面が見えるように並べて置き、にんにくチップ、くし切りにしたレモン2切れ、パセリ適量を添える。え

あ
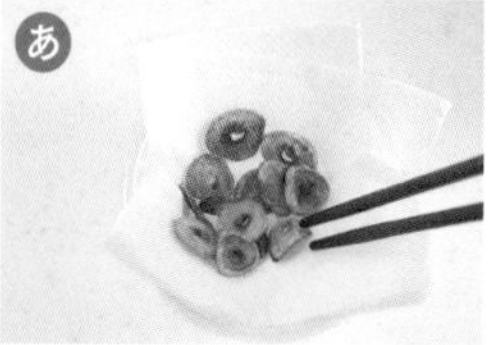

い

う

え

そぼろ丼

そぼろはゴムべらを使って細かく仕上げる

調理時間 20 min

2人分

1 ボウルに卵2個、砂糖大さじ1、白だし小さじ2を入れ、しっかり混ぜ合わせる。

2 フライパンに油を中火で熱し、1を流し入れ、箸でそぼろ状になるように混ぜる。

3 火が半分程度通ったら、ゴムべらで更に細かく切るように炒め、皿に取り出す。あ

4 3のフライパンに合いびき肉200gを入れてほぐしながら混ぜる。い

5 色が変わったら醤油・酒・みりん各大さじ2、砂糖大さじ1を入れる。ゴムべらで細かく切りまぜながら汁けが無くなるまで炒める。う

6 温かいご飯300gを器に半量ずつ盛り、3と5を半量ずつ盛り付ける。え

7 茹でにんじんを好みで型抜きし、塩茹でスナップえんどうと共に盛り付ける。

お肉は最後に加え、煮込みすぎないようにすると柔らかい

すき焼き丼

調理時間 20 min

2人分

1 にんじんは1㎝厚さに2枚輪切りにして、好みで花型にする。あ

2 椎茸2個は軸を落とし、V字に5㎜深さの切り込みを3ヵ所に入れる。い

3 フライパンに油を熱し、長ねぎ½本（細切り）、焼き豆腐100g（4等分）、結びしらたき6個、にんじん2切れ、椎茸2個を入れて、中火で加熱し外側に焼き色をつける。

4 3に水50㎖、醤油・砂糖各大さじ2、酒・みりん各大さじ1を加える。

5 煮立ったら端に寄せ、空いたスペースに牛薄切り肉200gを加える。

6 牛肉の色が変わったら火を止める。

7 器に温かいご飯300gを半量ずつ盛り、すき焼きをバランスよく盛りつける。

8 真ん中に卵黄を各1個ずつ（全量2個）乗せる。う

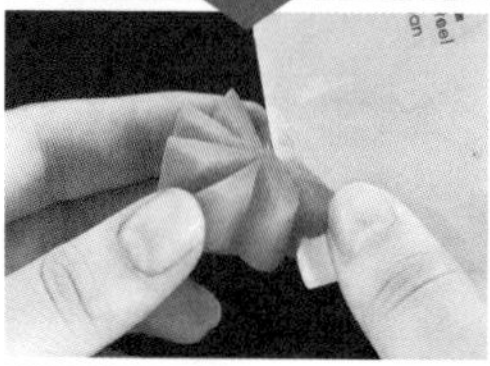

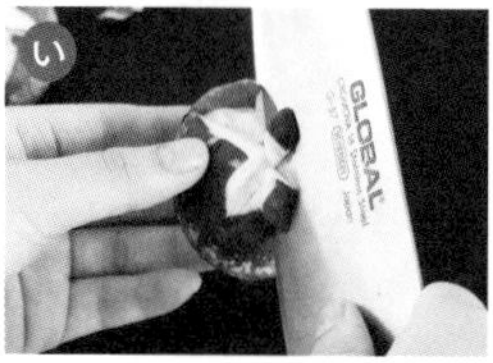

程よく脂身のあるお肉がおすすめ。チーズはお好みで

チーズ牛丼

調理時間 20 min

2人分

1 鍋に玉ねぎ½個、水200㎖、醤油大さじ3、酒・みりん各大さじ2、砂糖大さじ1、生姜チューブ2㎝を入れ火にかける。

2 沸騰したら一口大に切った牛薄切り肉200gを加えて箸でほぐし、あくを取りながら弱めの中火で15分程煮込む。あ

3 温かいご飯300gを2つに分けて盛り、2を盛り、ピザ用チーズ50gを半量乗せる。い

4 チーズが溶けるまで1～2分レンチン。同様にもう一つ作る。う

5 好みで紅生姜を添える。え

ご飯を投入前にケチャップを入れて炒めるとぱらっと

ふんわりオムレツのせ チキンライス

調理時間 25 min

2人分

1 ケチャップライスを作る。フライパンに油をひき、玉ねぎ½個（みじん切り）、塩少々入れて中火で炒める。

2 玉ねぎが透き通ってきたら鶏もも肉100g（小さめ角切り）、塩・こしょう少々を入れて炒める。あ

3 肉の色が白く変わったら、ケチャップ大さじ4を入れてケチャップがふつふつするまで2分ほど炒める。い

4 温かいご飯300gとバター10gを入れて全体を混ぜ合わせる。う

5 オムレツを作る（P.94参照）。え

6 ケチャップライスを半量ずつ器に盛り、5をのせ、ケチャップを好みで添える。

あ

い

う

え

卵が半熟の内にご飯を加えてへらで切るように炒める。

レタスチャーハン

調理時間
15
min

2人分

1 フライパンを中火で熱してベーコン50g(ざく切り)を入れ、焼き色が付くまで焼く。

2 ベーコンを端に寄せ、ごま油大さじ2を入れる。

3 溶き卵2個分を流し入れる。卵が半熟状になったら温かいご飯(300g)を加える。あ

4 へらで切りまぜながら炒め、鶏がらスープの素大さじ1を加える。い

5 全体に混ざったら、レタス50g(ざく切り)を加え、鍋肌から醤油小さじ1を加えざっと混ぜる。う

6 塩・こしょうで味を調えたら器に盛る。え

あ

い

う

え

煮込み時間が少なく手軽に出来る

なすのドライカレー

調理時間 15 min

2人分

A 水80㎖、カレー粉・ケチャップ・ウスターソース各大さじ1、砂糖小さじ2、醤油小さじ1

1 フライパンにオリーブ油大さじ2を中火で熱し、なす2本（2㎝角切り）を焼いて皿に取り出す。あ

2 1のフライパンにオリーブ油大さじ1を足し、にんにく1かけ（みじん切り）を入れ弱火で炒める。い

3 香りがしたら玉ねぎ½個（みじん切り）、豚ひき肉200gを加え中火で炒める。

4 肉の色が変わったら、Aを加え、2分間中火で炒め煮する。

5 1のなすを戻し入れ更に2分炒める。う

6 器にご飯を盛り、5と卵黄1個（全量2個）をのせ、パセリをふる。同様にもう1皿作る。え

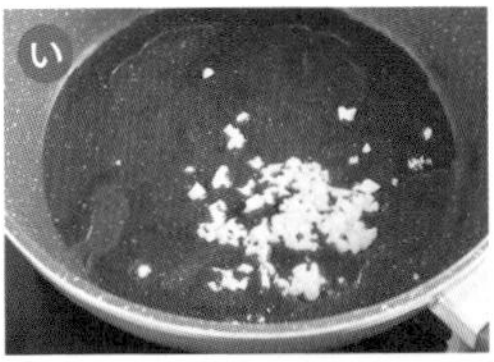

片栗粉をまぶすと肉汁を逃さない

てり焼きチキン丼

調理時間 20 min

2人分

1 均等な厚みにした鶏もも肉（300g）の両面に塩・こしょうをふり、片栗粉大さじ1をまぶす。あ

2 フライパンで目玉焼きを2個（卵2個）作る。

3 2のフライパンの油小さじ1を足して中火で熱し、1の皮目を下にして5分ほど触らずに焼く。い

4 焼き色が付いたら裏返し、余分な油をキッチンペーパーで拭き、弱めの中火で4分焼く。

5 弱火にしてたれ（醤油・酒・みりん各大さじ2、砂糖大さじ1）を加え、照りが出るまで2分程煮絡める。う

6 粗熱が取れたら半分に切り、更に食べやすい大きさに切る。

7 器にご飯と好みの野菜を盛り、6を並べ、目玉焼きをのせる。粗びき黒こしょうをふりたれをかける。え

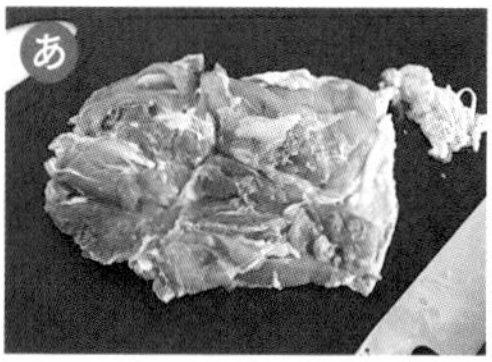
あ

い

う

え

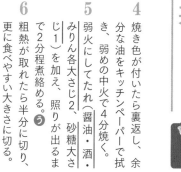

卵に酢を加えふんわり卵に

天津飯

調理時間 15 min

2人分

●**あん**（混ぜておく）
水200㎖、砂糖・醤油各大さじ1、酢・片栗粉各小さじ2、鶏がらスープ・オイスターソース各小さじ½

1 ボウルに卵4個を溶き、酢小さじ1、塩・こしょう、カニカマ60g（ほぐす）を加え混ぜ合わせる。

2 器にご飯300g（2皿分）を丸く盛り付ける。

3 フライパンに油大さじ½を強めの中火で熱し、1の半量を流し入れ、お箸で大きく2～3回混ぜる。

4 半熟状になったら2のご飯の上にのせる。もう1皿も同様に作る。あ

5 あんをよくかき混ぜてフライパンに入れて中火にかけ、透明になるまでよくかき混ぜる。い

6 沸騰したら更に弱火で20～30秒加熱し火を止め、ごま油小さじ1を加えて混ぜる。4にかけ、万能ねぎを散らす。う

あ

い

う

豚肉から出た脂はキッチンペーパーでしっかりと拭き取る

豚ばら丼

調理時間 20 min

2人分

1 熱したフライパンに豚ばら肉焼肉用400gの半量を並べ入れ、塩・こしょうをして中火で焼く。

2 2分ほど焼いて焼き色が付いたら裏返し、塩・こしょうをして焼き色が付いたらキッチンペーパーを敷いた器に取り出す。あ

3 フライパンの脂をキッチンペーパーで拭き取り、残りの豚肉を同様に焼き、器に取り出す。

4 フライパンの脂をキッチンペーパーで拭き取り、**たれ**（醤油・酒・蜂蜜各大さじ2、みりん大さじ1、にんにくチューブ4㎝）を入れて中火で煮詰める。

5 とろみが出たら豚肉を戻し入れよく絡める。い

6 器にご飯を盛り、豚肉を並べ、お好みで万能ねぎや七味唐辛子をふる。彩りで青みを添える。う

ケチャップを沸騰させて甘味を出す

ナポリタン

調理時間 20 min

2人分

1 フライパンにオリーブ油を熱して、玉ねぎ½個（くし切り）とウインナー6本（斜め切り）を炒める a。

2 玉ねぎが透き通ってきたらピーマン2個（輪切り）を加え、塩・こしょうをして炒める b。

3 2をフライパンの端に寄せ、空いたスペースにケチャップ大さじ5、ウスターソース・砂糖各小さじ1を入れる c。

4 ケチャップがふつふつして酸味が飛んで、甘みが引き出せたら、全体を混ぜ合わせ、牛乳大さじ3を加えて混ぜ、味をまろやかにする d。

5 袋の表記通りに茹でたパスタ（乾めんで180g）にバター10gを加えて混ぜ合わせる e。

6 器に盛り、お好みでパセリと粉チーズをふる f。

シンプルな材料で洋食屋さんの本格味に!!

カンタンPOINT!

牛乳を加えてまろやかなナポリタン。

調理のPOINT!

a

b

c

d

e
バターが
溶けるまで素早く
混ぜ合わせる

f
Kraft
100%
PARMESAN
Grated Cheese

ひと手間で市販の冷やし中華を可愛く

冷やし中華

調理時間 20 min

2人分

1 鍋にたっぷりの水を沸騰させ、えび4～6尾を入れ、色が変わったら取り出す a。

2 そのまま中華麺2人前を入れて、袋の表記通りに茹でる。

3 ざるに上げ流水で洗い水けをきる b。

4 器に麺を入れる c。

5 ハム6～8枚（せん切り）、きゅうり1本分（せん切り）、薄焼き卵（卵1個分）、えびを盛る。すいかとキウイの飾りをバランスよくトッピングする d。添付のたれをかける。

えびの下処理

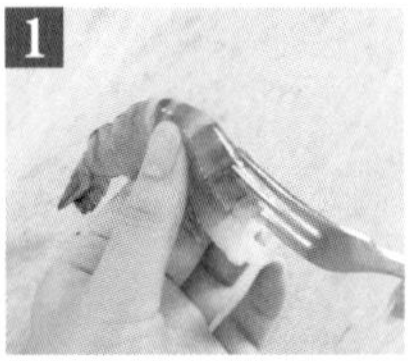

1 フォークの先をえびの殻に差し込む。

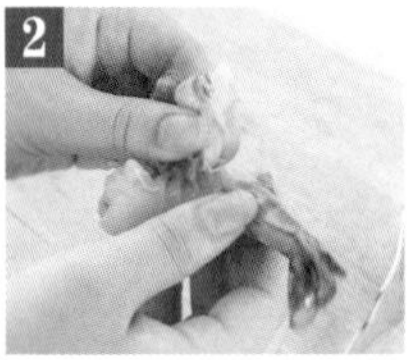

2 殻を外す。

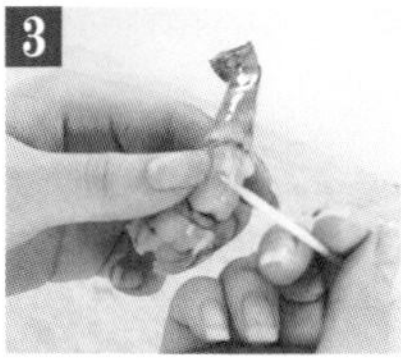

3 爪楊枝を使って背わたをかき出す。

4 背わたを引き出す。

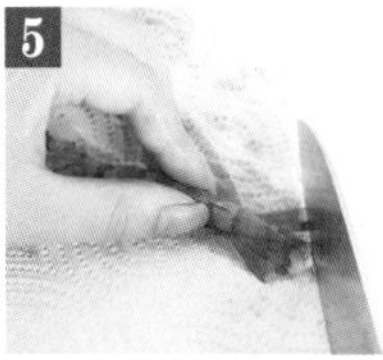

5 尻尾の汚れを包丁でしごき出す。

調理のPOINT!

すいか・キウイの飾り

黒ごまは向きを揃える。
デザインカッターを使用

きゅうり½本を5㎜幅薄切りにする（すいか用に8切れ、キウイ用に4切れ必要）。すいか用は上部をカットし半円状にする。

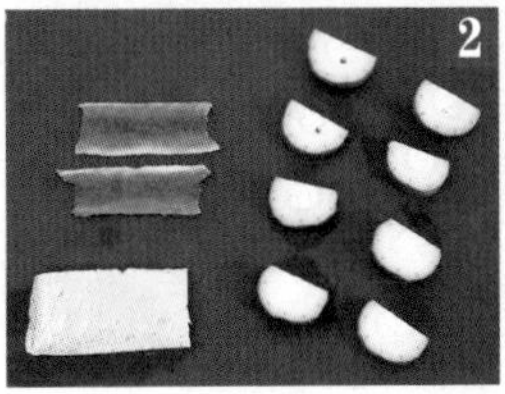

カニカマ2本の赤い部分を手で外し、黄色のすいか用に薄焼き卵の一部分を用意する。

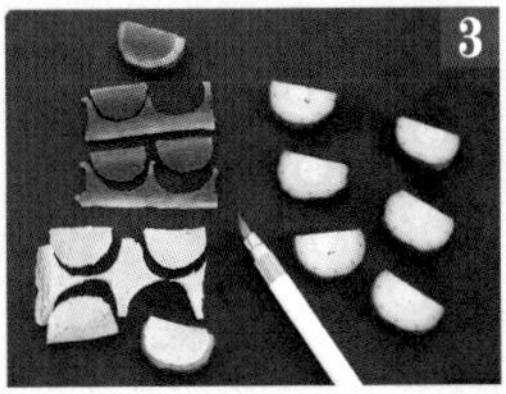

デザインカッターできゅうりより一回り小さく、赤・黄各4枚を半円状にカットする。

3をきゅうりに重ね、爪楊枝の先に水を付け、黒ごまの向きを揃えてのせていく。

クリームは加熱しすぎないのが美味しく仕上がるコツ

いかと明太子のクリームパスタ

調理時間 20 min

2人分

1 大葉2枚をせん切り、明太子1腹（トッピング用に少し残しておく）は薄皮を取り除く。あ

2 フライパンにバター10gを熱し、生するめいか150g（輪切り）を入れる。

3 いかの色が変わったら1の明太子、バター10g、牛乳・生クリーム各100㎖を入れて混ぜ、白だし大さじ1を加える。い

4 ふつふつしてきたら火を弱め、パスタ200g分（茹でておく）を加えて混ぜ合わせ、塩・こしょうをして味を整える。

5 全体が混ざったら器に盛り、大葉と明太子を添える。う

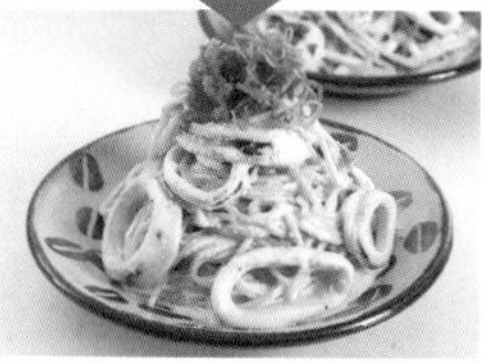

ごま油の効いたつゆに卵黄を絡めて。
トマトはよく冷やすと美味

トマトツナそうめん

調理時間 15 min

2人分

1 ボウルにツナ缶（1缶70g）をオイルごと入れ、トマト大1個（1㎝角切り）、麺つゆ（4倍濃縮）・ごま油各大さじ2を入れて混ぜたら冷蔵庫で冷やす。あ

2 袋の表記通りにそうめん150～200gを茹でる。

3 冷水で洗ってぬめりを取り、水けをきっておく。い

4 3を器に盛り、1をかける。う

5 卵黄1個（全量2個）を乗せる。え

6 手でちぎった大葉2枚を散らし、粗びき黒こしょうをふる。

あ

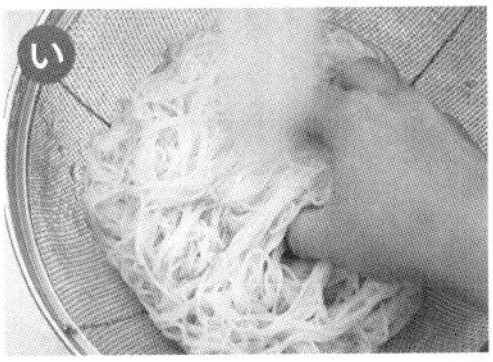
い

う

え

カンタン
POINT!
ボウルに材料を混ぜたら、
後は麺を茹でるだけ。

麺は少しカリッとするくらいに焼く

瓦そば

調理時間 25 min

2人分

1 つけ汁を作る。だし汁150mℓ、醤油・みりん各大さじ2を小鍋に入れ、軽く煮立たせたら蕎麦猪口に注いでおく。あ

2 フライパンに醤油・酒・みりん各大さじ1.5、砂糖大さじ1と½を入れ、沸騰したら牛こま肉150gを入れてほぐしながら煮汁が少なくなるまで煮る。い

3 袋の表記通りに茶そば2束を茹で、ざるに上げ流水でぬめりを取り、水けをきっておく。

4 フライパンに油を熱し、3を加えて2分ほど炒める。

5 4を器に盛り、牛肉、ねぎ1本(小口切り)、錦糸卵(卵1個分)をのせる。う

6 レモン輪切り1枚(全量2枚)を置き、その上にもみじおろし(大根おろし+赤唐辛子)のせ、1を添える。え

あ

い

う

え

冷凍うどんで火を使わず簡単に

棒棒鶏うどん

調理時間 20 min

2人分

1 ささみ2本は筋を取り、耐熱皿に入れ、酒大さじ1をふりラップをして2分レンチン。粗熱が取れたら細かくさいて塩をふる。きゅうり1本（せん切り）、トマト1個（薄切り）も切っておく。あ

2 たれを作る。豆乳200cc（成分無調整）、4倍濃縮麺つゆ大さじ4、白すりごま大さじ2、ラー油適量を混ぜる。

3 冷凍うどん2玉をレンチンで解凍し、流水に取ってもみ洗いし、ざるにあげる。い

4 水けをきったうどんを器に盛り、きゅうり→トマト→ささみの順にのせる。う

5 4に2をかけ、白ごまをふる。

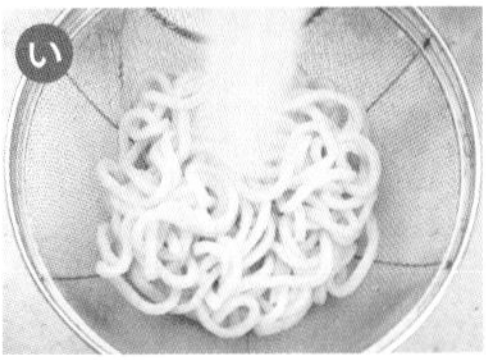

茹で卵とマヨネーズで即席タルタルソース

チキン南蛮

調理時間 20 min

2人分

A（材料を混ぜておく）
醤油・砂糖各大さじ3
酢大さじ2、片栗粉大さじ½

1 鶏もも肉2枚（約500g）を一口大に切る。あ

2 1を袋に入れて醤油・酒各小さじ1を入れて揉み込み10分置く a。

3 鶏肉に片栗粉大さじ5をまぶす b。

4 フライパンに油大さじ3を入れて鶏肉を並べ入れ、中火で焼く。

5 2分ほどして焼き色が付いたら裏返して弱火にし、蓋をして5分火を通す c。

6 蓋を外し強火でカリッと焼き上げたら、余分な油をキッチンペーパーで拭き取る d。

7 Aを鍋肌から注いで火を止めてあんを素早く絡める。

8 タルタルソースを作る。みじん切りした茹で卵2個、マヨネーズ大さじ4、牛乳大さじ1、塩・こしょう少々を混ぜる e。い

9 器に盛り8をかけて、パセリ適量を散らし、好みで野菜を添える f。

あ

カンタン POINT!

フライパン一つで簡単。茹で卵とマヨネーズでたっぷりの即席タルタルソースができます。

い

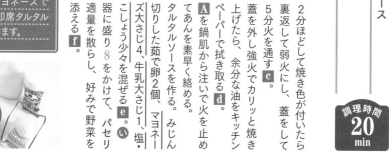

調理のPOINT!

カンタンPOINT!

仕上げに串を刺すと食べやすく、居酒屋風なつくねに。ひき肉は鶏と豚お好みで、ミックスでも。

家にある材料でトッピングを替えると楽しめる

居酒屋風つくねスティック

調理時間 25min

2人分

1 鶏ひき肉300g、長ねぎ20㎝（みじん切り）、卵1個、酒小さじ2、塩小さじ½、片栗粉大さじ1、生姜すりおろしチューブ小さじ1をボウルに入れ、粘りが出るまでよく混ぜる a。

2 1を8等分にして空気を抜きながら楕円に形を整える b。

3 薄く油を引いたフライパンに並べ中火で焼く c。

4 2分ほど焼いて、焼き色が付いたら裏返し、蓋をして3分焼く d。

5 弱火にして蓋を取り、醤油・酒各大さじ2、みりん・砂糖各大さじ1をフライパンに入れ、沸騰したらつくねをたれに絡ませる e。

6 器に盛り、串を刺し、熱い内にスライスチーズ1枚（半分に切る）と大葉3枚（1枚はせん切り）を乗せる。お好みでねぎやごまをのせ卵黄を添える f。

白髪ねぎの作り方

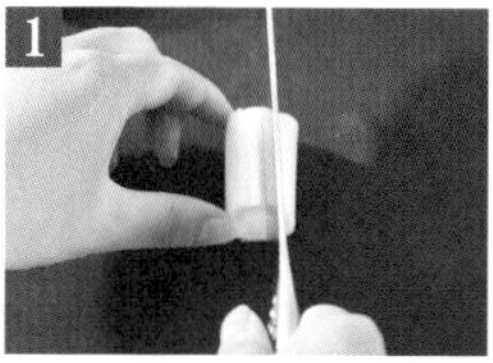

長ねぎ（10㎝長さ）の繊維にそって縦に切り込みを入れる。

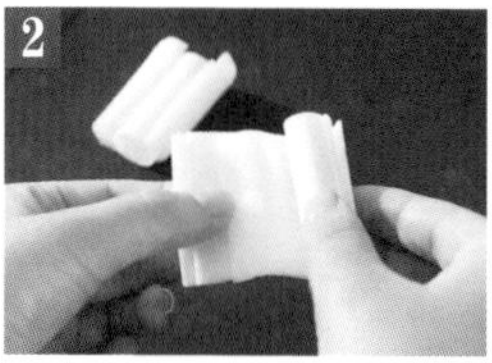

芯を取り除く。

白い部分をまな板に広げ繊維にそって端からせん切りにする。

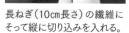

調理のPOINT!

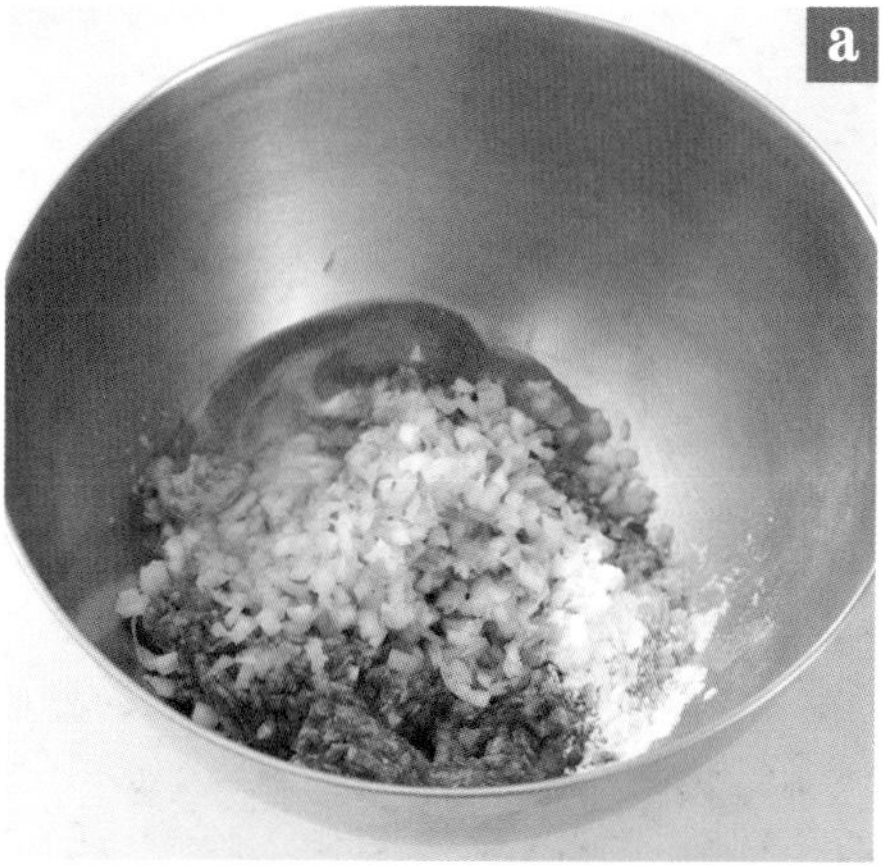
a

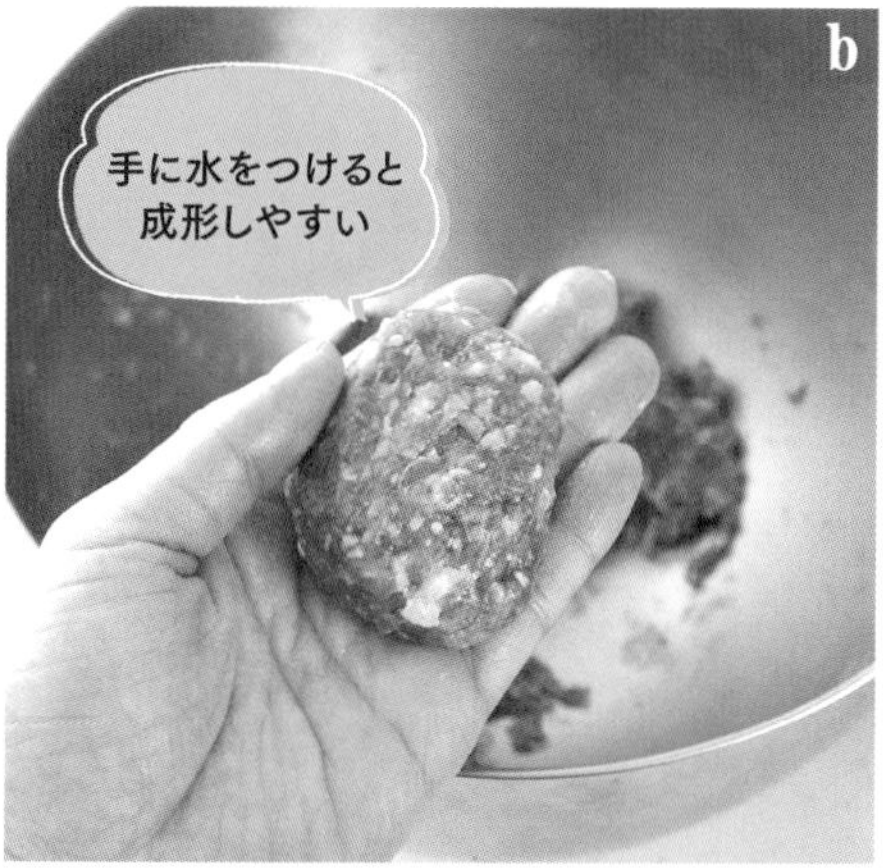
b
手に水をつけると
成形しやすい

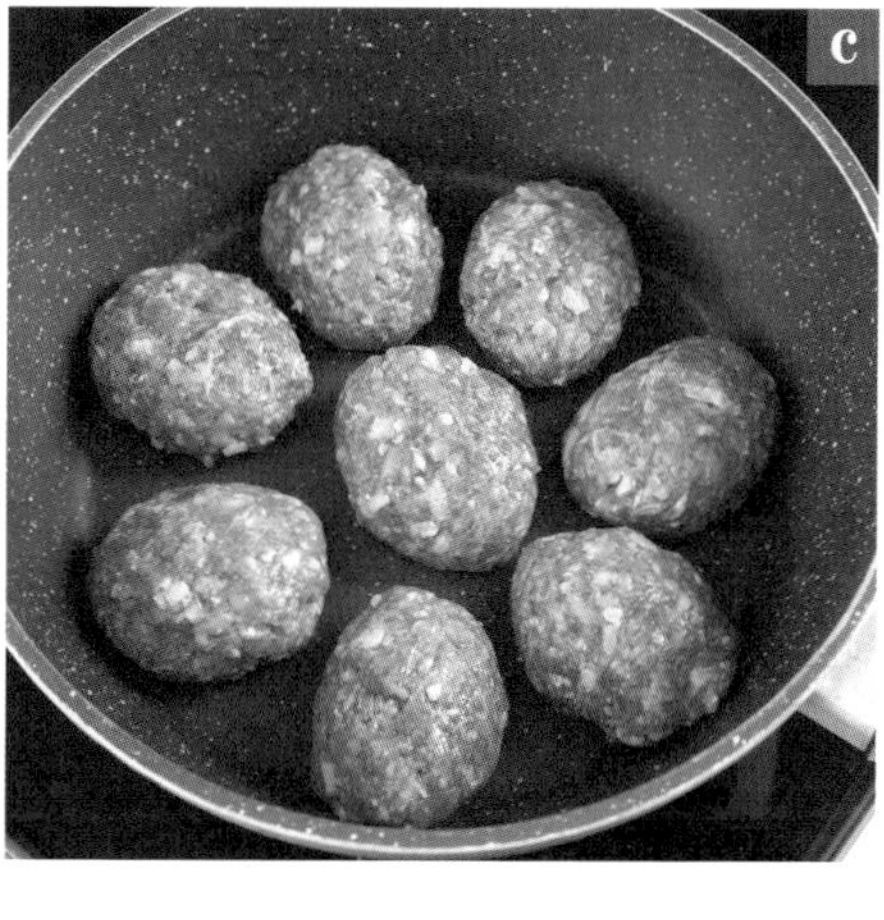
c

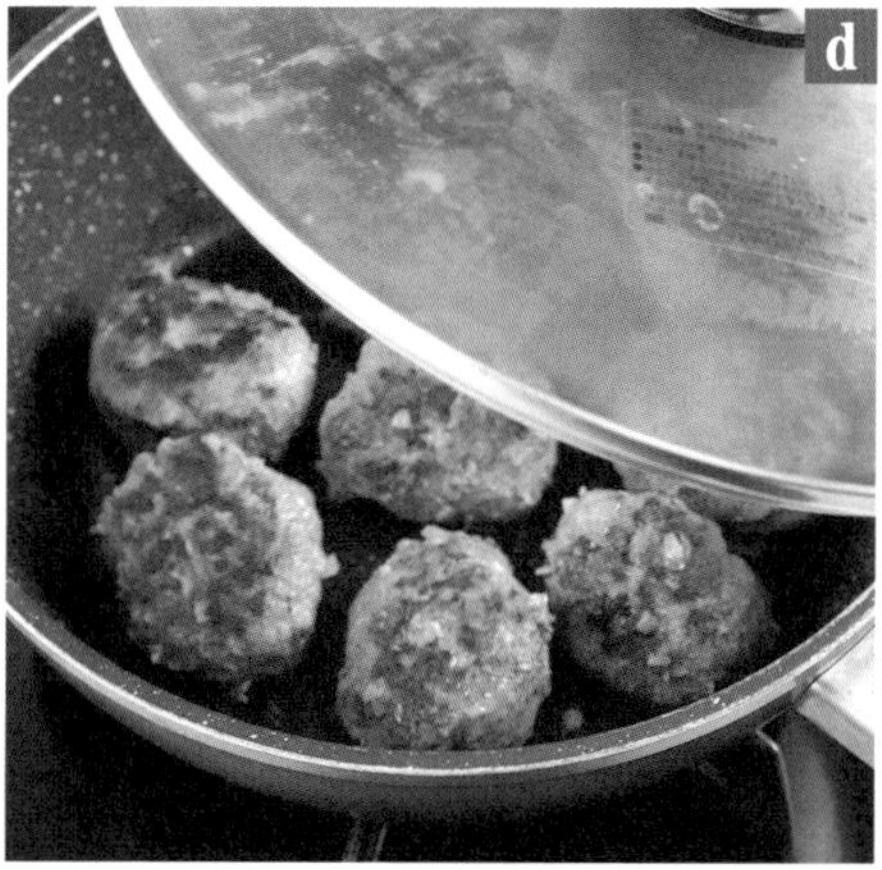
d

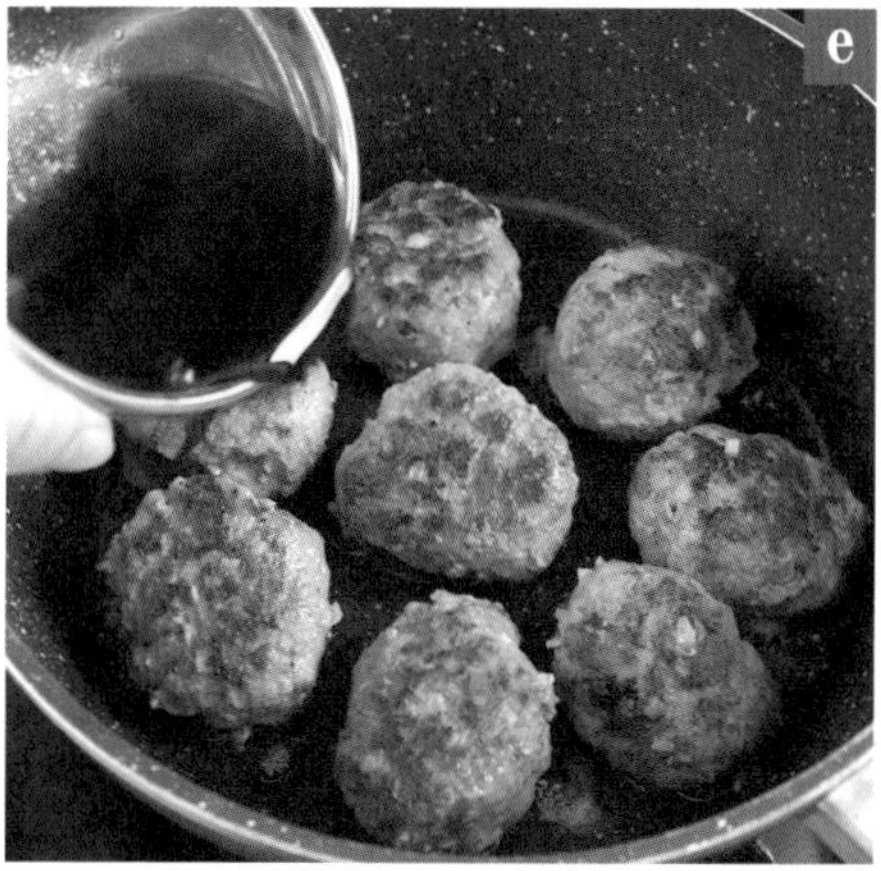
e

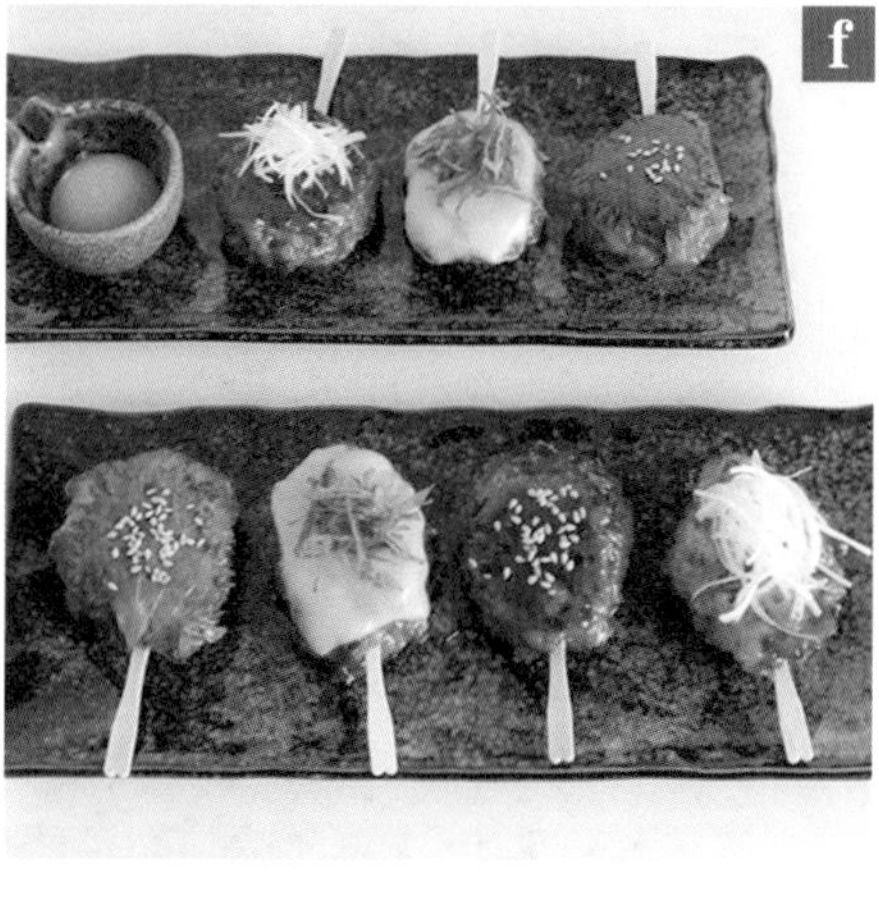
f

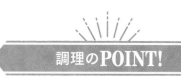

手羽先は切り込みを入れると食べやすく、味もしみ込みやすい

手羽先の甘辛揚げ

調理時間 25min

2人分

1 鶏手羽先8本約400gは骨に沿って2本切り込みを入れる。あ

2 皮面に数ヵ所フォークで穴を開ける。

3 ビニール袋に鶏肉と片栗粉大さじ2を入れてふり混ぜ、全体にまぶす。

4 鍋に油を3〜4cmほど入れ、弱火で熱し、鶏肉を皮目から入れ弱火で3分揚げる。

5 裏返して3分揚げたら中火にし、更に1分カラッと揚げて油をきる。い

6 フライパンに醤油・みりん各大さじ2、酒・蜂蜜各大さじ1を入れて中火にかける。

7 沸騰したら鶏肉を加え、たれを絡める。う

8 器に盛り、白ごま適量をふる。好みで彩り野菜を添える。

あ
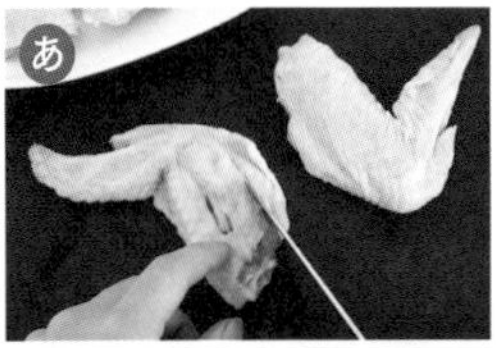

い

う

カンタンPOINT!

はじめは低めの温度で揚げて最後の1分は中火にし、高温にするとカラッと揚がる。

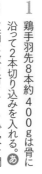

鶏肉の筋はキッチンバサミでカットすると簡単

ささみの梅しそチーズ春巻き

調理時間 20 min

2人分

1 ささみ3本（約180g）の筋をキッチンばさみで取り除き、縦半分に切る。あ

2 春巻きの皮（6枚）の下の方にささみを置き、その上にスライスチーズ（3枚を半分に切る）→梅肉（大2個の種を取り除き叩く）の順に重ねる。上の方には大葉（6枚）をのせる。い

3 下から1回転巻く。

4 両サイドを折りたたみ、最後まで巻き上げる。う

5 水溶き薄力粉を春巻きの縁に塗り、端を留める。

6 鍋に油を170℃に熱し5をきつね色になるまで揚げる。

7 よく油をきって器に盛る。

油を低めの温度で揚げて
徐々に高温にするとカラッと揚がる

鶏の唐揚げ

調理時間 20 min

カンタンPOINT!

一度取り出して二度揚げしてもOK。揚げている途中、上下を返す時に空気に触れさせながら揚げるとカラッと揚がる。

2人分

1 ジッパー付きビニール袋に鶏もも肉500g（一口大に切る）と醤油・酒各大さじ1、生姜・にんにくすりおろしチューブ各3㎝長さ、マヨネーズ大さじ2を入れてよく揉み込み、15分以上置く。あ

2 器に片栗粉大さじ3、小麦粉大さじ2を混ぜ合わせ、鶏肉を入れて粉を均一にまぶす。い

3 鍋に油を深さ3㎝以上入れて中火で170℃に熱する。

4 鶏肉を入れて3〜4分揚げて泡が小さくなったら火を強め2分ほどカラッとするまで揚げる。う

5 油を軽くきりながら網に上げて油をきる。

6 皿に盛り付ける。お好みでカットした柑橘類を添える。

鶏肉は焼いている間に動かさないのがカリカリの秘訣

ねぎ塩カリカリチキン

調理時間
20
min

2人分

A（混ぜておく）
白ねぎ（みじん切り）½本分、ごま油大さじ2、塩・鶏がらスープ各小さじ½ あ

1 鶏もも肉2枚（約500g）は余分な脂肪を取り除き、厚みを均一にする。い

2 フライパンに油（分量外）を中火で熱し、鶏肉の皮目を下にして焼き、へらで押さえる。

3 出てきた余分な脂をキッチンペーパーで拭き取りながら7分焼く。

4 裏返して塩・こしょう適量をふり、弱火で4分焼き、取り出す。う

5 粗熱が取れたら食べやすい大きさに切る。え

6 器に盛り、**A**をかけ、粗びき黒こしょう適量をふってレモン、好みで野菜を添える。

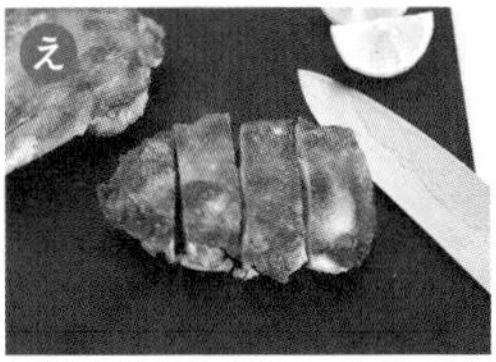

カンタン
POINT!

鶏肉は始めにへらで押さえたら焼いている間は触らないのがカリカリの秘訣。

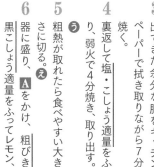

肉だねをフライパンに並べたら、焼き色がつくまで触らない

ふんわりお豆腐つくね

調理時間 25 min

2人分

1 椎茸4〜6個は3ヵ所V字に切り込みを入れて飾り切りをしたものを2つ用意し残りはみじん切りにする。あ

2 長ねぎ1本は、半分を3㎝幅に切り、残りはみじん切りにする。い

3 小皿に醤油・酒各大さじ2、みりん・砂糖各大さじ1を入れる。

4 卵1個を黄身と白身に分ける。

5 ボウルに鶏ひき肉200gと卵白、1と2のみじん切り、豆腐100g、塩小さじ½、片栗粉大さじ1、生姜チューブ小さじ1を入れ、粘りが出るまでよく混ぜ、8等分に丸める。

6 薄く油をひいたフライパンに2の長ねぎと飾り切りした椎茸を入れ、焼き色が付いたら裏返し、蓋をして1分蒸し焼きにする。器に取り出す。

7 5を薄く油をひいたフライパンに並べ中火で焼く。焼き色が付いたら裏返し、蓋をして3分焼く。う

8 弱火にして**たれ**（醤油・酒各大さじ2、みりん・砂糖各大さじ1）をフライパンに入れ、沸騰したらつくねをたれに絡ませる。

9 器に3のねぎと椎茸、黄身、8を盛り付け、ねぎと椎茸に残った**たれ**をかける。

10 大葉2枚（せん切り）をつくねに乗せる。え

鶏むね肉は繊維を断つようにカットすると柔らかい

鶏むねチリマヨソース

調理時間 20 min

2人分

1 鶏むね肉400gは写真のように3等分にする。あ

2 繊維に沿って断つように一口サイズに切る。い

3 ジッパー付きビニール袋に1、酒大さじ1、塩こしょう適量を入れてよく揉み込み5分以上置く。

4 3に片栗粉大さじ3を入れて振り混ぜ、粉を均一にまぶす。

5 フライパンに油を深さ1㎝ほど入れ中火で熱し、4を入れ揚げ焼きにする。う

6 3分ほどして焼き色が付いたら裏返し、蓋をして2分焼く。

7 キッチンペーパーを広げ、6を取り出し、油をきる。

8 ボウルにスイートチリソース・マヨネーズ各大さじ2、7を入れ、サッとからめる。え

9 器にレタス½玉(太めのせん切り)と8を盛り、好みでピンクペッパー適量を添える。

鶏チャーシュー

レンジで簡単。1回目はふんわりラップ、2回目はラップを外して加熱する

調理時間 20min

2人分

1 ジッパー付き保存袋に鶏もも肉2枚（約500g）、醤油大さじ4、酒・蜂蜜各大さじ3、片栗粉小さじ2を入れ、揉み込み10分置く。

2 1の鶏肉を取り出し横長に巻いく。たこ糸の巻きはじめは軽く結び、鶏肉が開かない程度に軽く巻きつけるだけでOK。あ

3 たこ糸の巻き終わりは紐の下にくぐらせる。同様に2本作る。い

4 耐熱皿に3と1の汁を全て入れ、ふんわりラップをして5分レンチン。う

5 一度取り出して上下を返す。

6 ラップをせずに7分レンチン。

7 粗熱が取れたらたこ糸を取り除き、1cm幅に切る。

8 器の真ん中に水菜を適量盛り、周りにチャーシューを並べ、お好みで「半熟煮卵」（P.94参照）を添える。

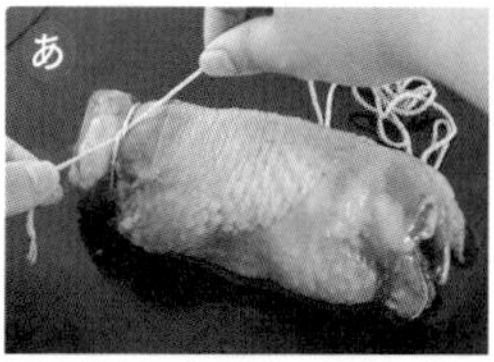
あ

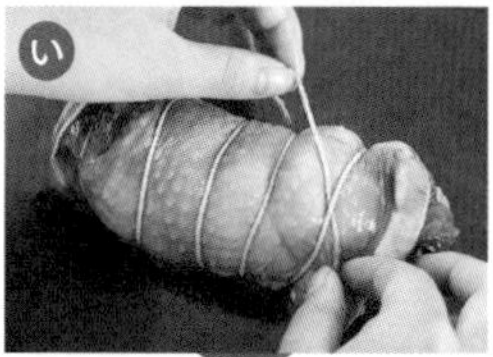
い

う

たらこは明太子に、ささみはむね肉でもOK

たらこ巻きささみ天

調理時間 20 min

2人分

1 ささみ4本（約200g）の筋をキッチンばさみで取り除く。

2 ささみにクッキングシートを乗せめん棒で叩き、厚みを均一にする。あ

3 2に大葉4枚、たらこ中身2腹分（80g）をのせる。い

4 たらこを伸ばして、手前からくるくると巻き上げる。う

5 水50mℓで溶いた天ぷら粉30gに4をくぐらせ、鍋に油を170℃に熱し、きつね色になるまで揚げる。

6 半分に切って器に盛る。好みで付け合わせを添える。

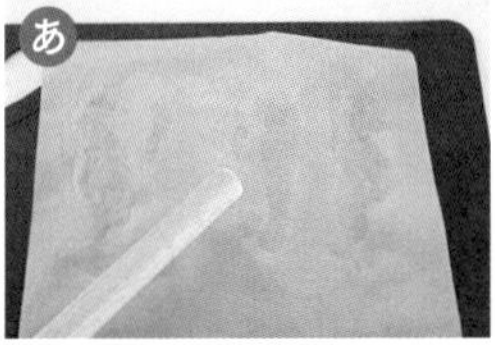
あ

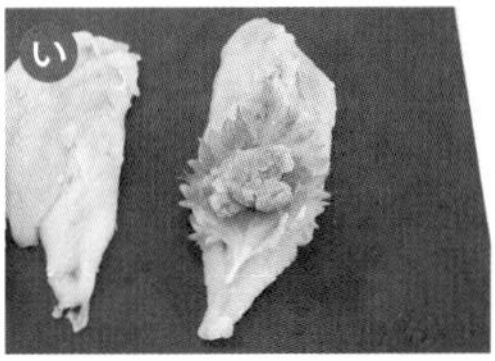
い

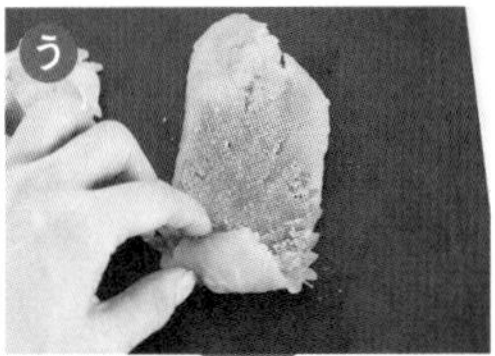
う

豚こま肉でお手軽にボリュームアップ

豚こま酢豚

調理時間 20 min

2人分

1 玉ねぎ½個、ピーマン2個、赤・黄パプリカ各½個、にんじん½本を一口大に切る。あ

2 にんじんを耐熱皿に入れ、ラップをして1分レンチン a。

3 豚こま切れ肉250gに塩・こしょうをして、手で一口大に丸める b。

4 片栗粉大さじ1をまぶす c。

5 フライパンにごま油大さじ1を中火で熱し、4を入れ、蓋をして各面2分ほど焼く d。

6 肉を端に寄せ、玉ねぎを加え、中火で1分ほど炒める e。

7 にんじん、ピーマン、パプリカを加え2分ほど炒める f。

8 弱火にして、水大さじ3、酢・醤油・砂糖各大さじ2、ケチャップ大さじ1、片栗粉・鶏がらスープの素各小さじ1を加え、とろみが出るまで煮絡め、器に盛る。い

使う調味料

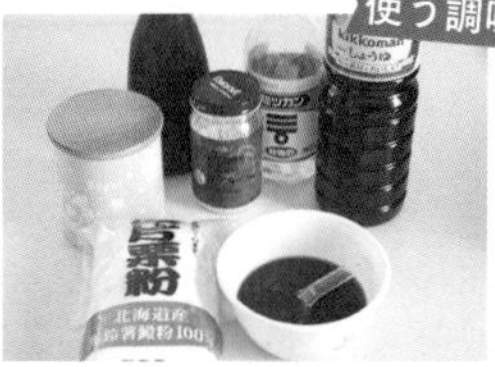

あ

い

調理のPOINT!

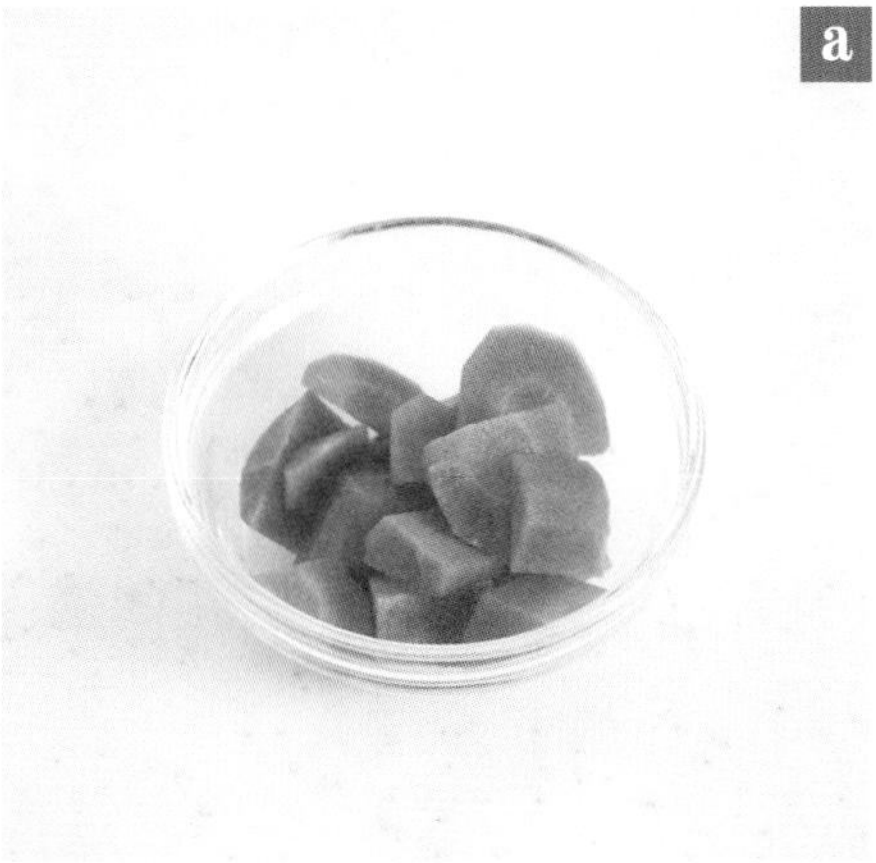
a

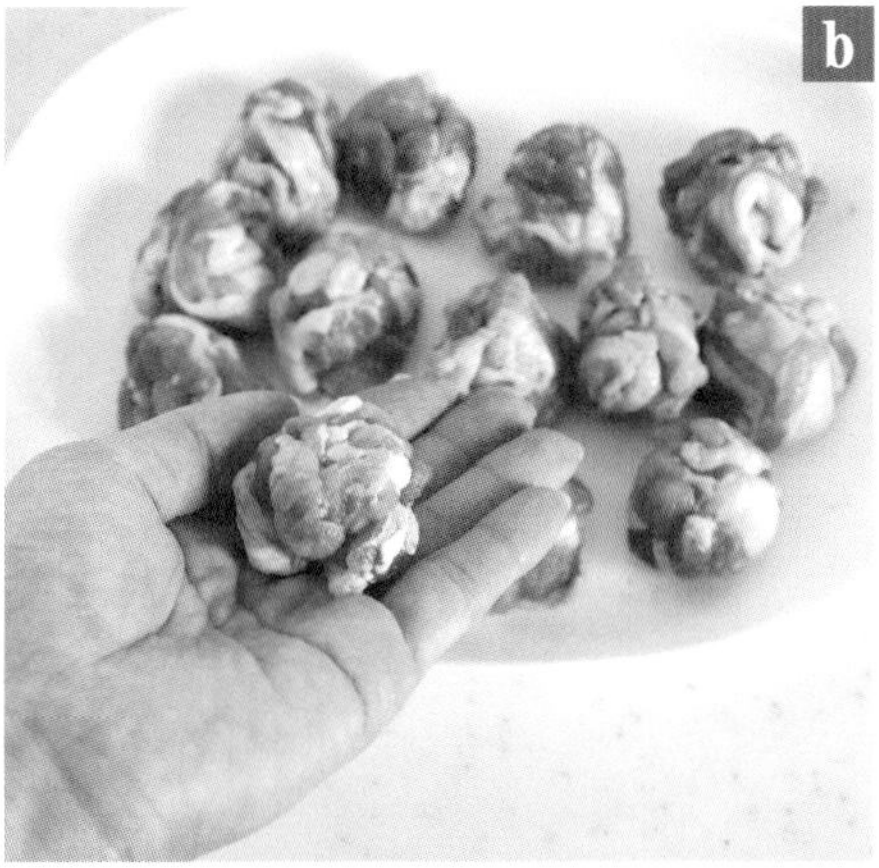
b

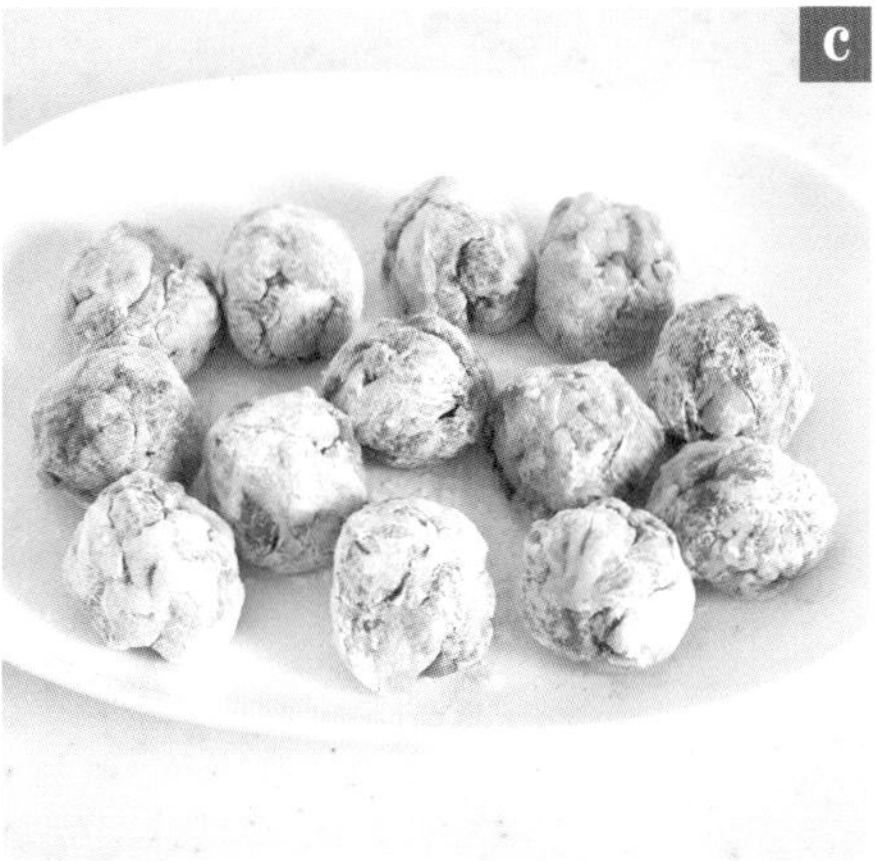
c

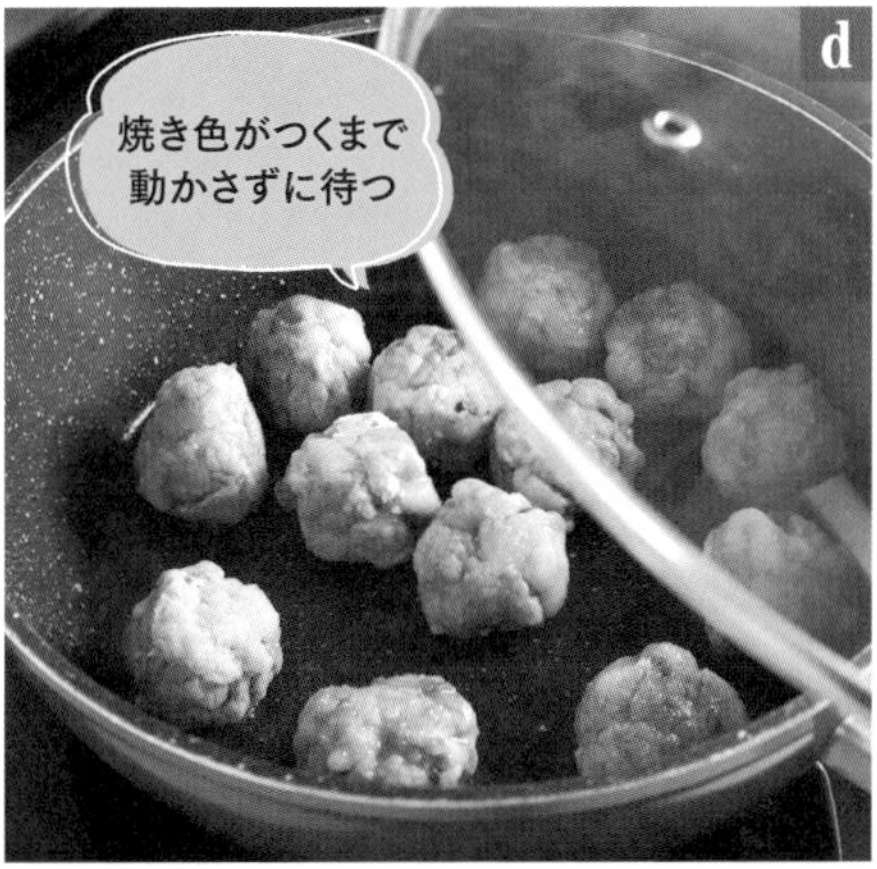
d
焼き色がつくまで
動かさずに待つ

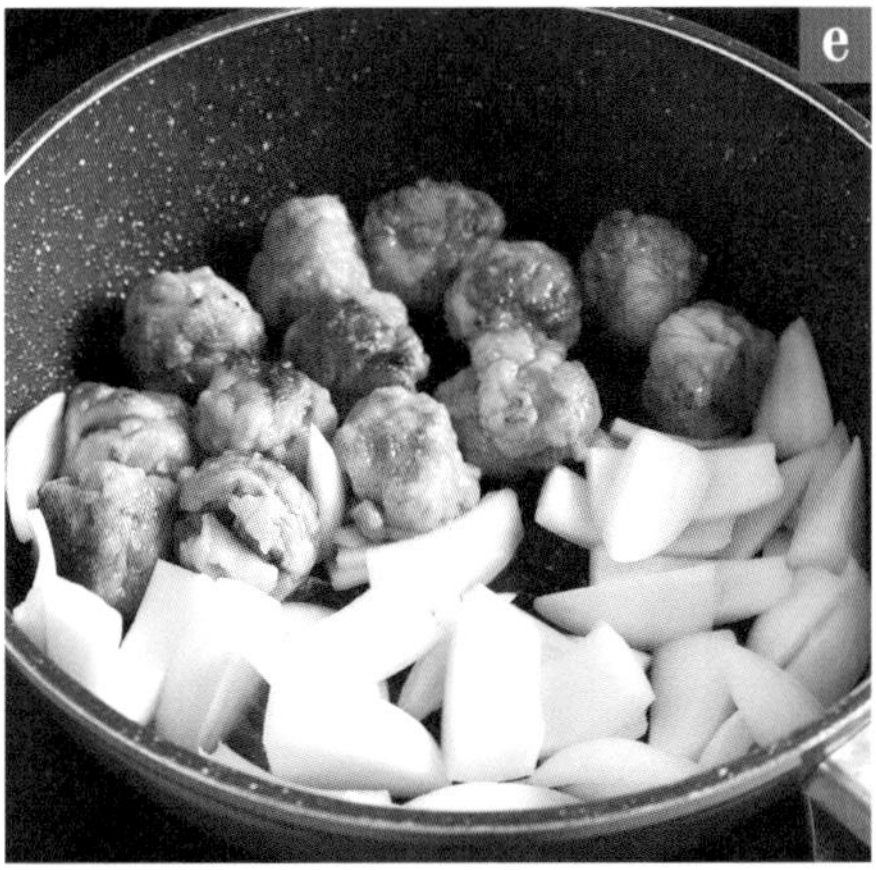
e

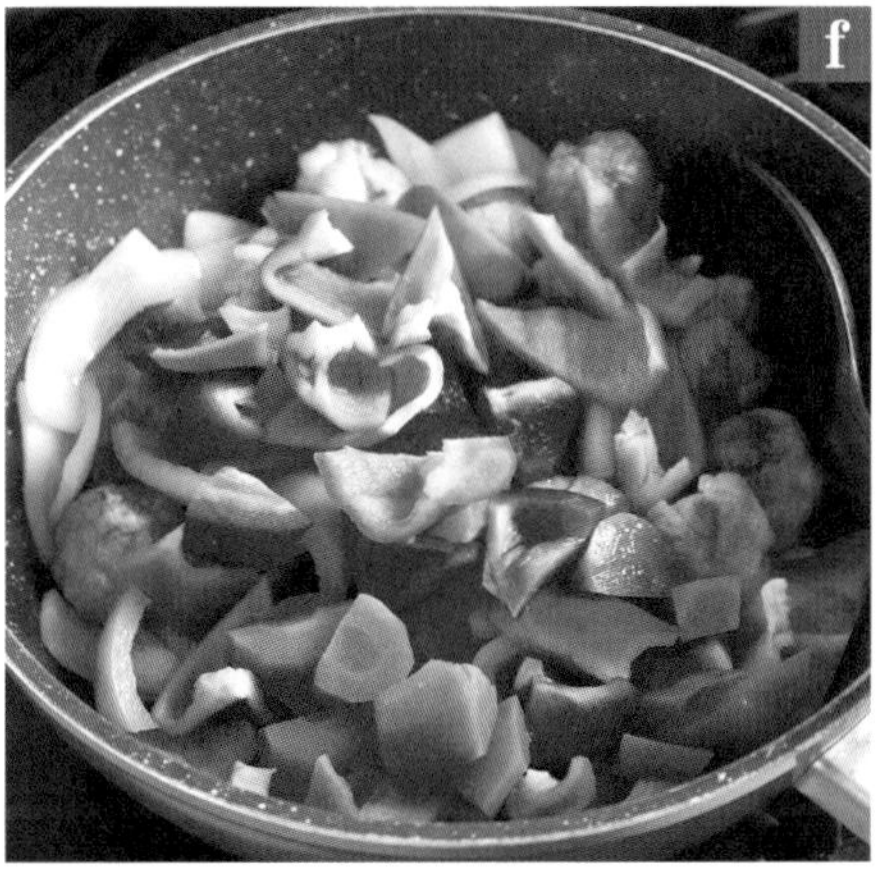
f

豚肉はしっかりと巻き、焼くときはあまり動かさない

厚揚げの肉巻き

調理時間 20 min

2人分

1 厚揚げ1丁を8等分に切る。豚ばら薄切り肉16枚(250～300g)を用意する a 。

2 厚揚げ1つに、豚肉2枚を縦と横でしっかりと巻きつける b 。

3 中火で熱したフライパンに、2の肉の巻き終わりを下にして入れる c 。

4 各面を2分ずつ焼いて、焼き色をつけ、余分な油をキッチンペーパーで拭き取る d 。

5 醤油大さじ2、酒・みりん・砂糖各大さじ1を加えて中火で熱し、とろみが出たらよく絡める e 。

6 器に盛り白ごまをふる。好みの野菜を添える f 。

ボリュームがあってごちそう感アップ

調理のPOINT!

a

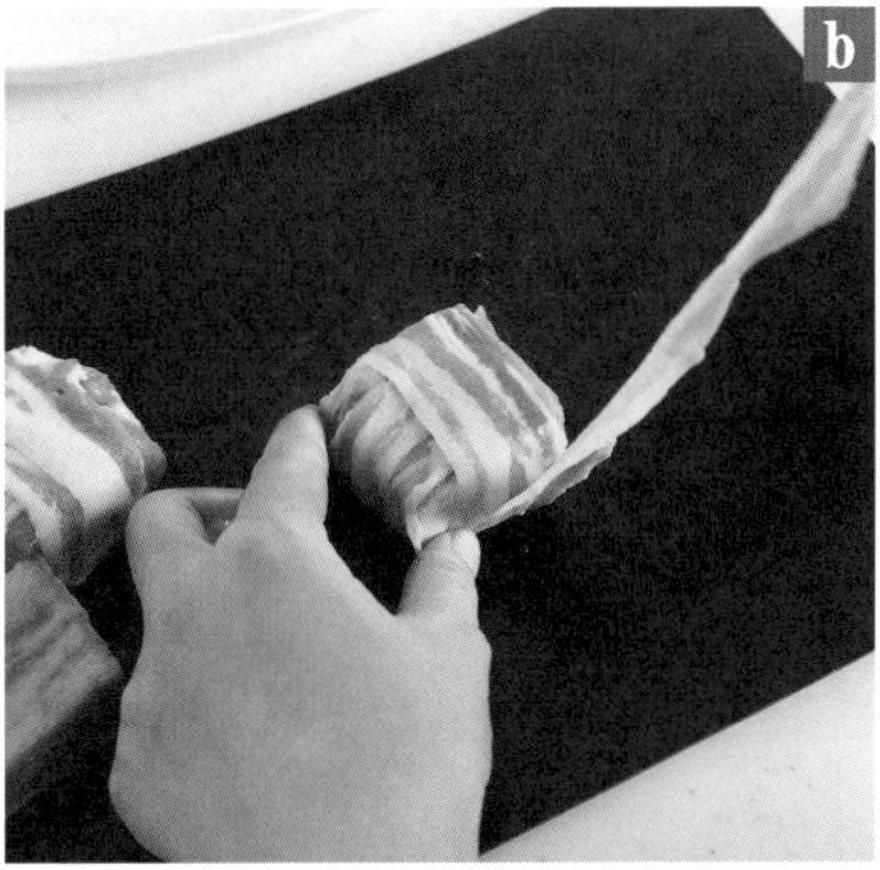
b

c

d

e

f

巻き終わりを下にして触らない

アスパラの肉巻き

調理時間 20 min

2人分

1 アスパラガス8本は根元の固い部分を切り落とし下半分の皮をピーラーでむく。あ

2 1を耐熱皿にのせ、ラップをして1分レンチン。

3 豚ばら薄切り肉200~300gを広げて置き、手前に粗熱が取れたアスパラガスを乗せて少しずつ斜めにずらしながら程よく引っ張りながら巻く。い

4 中火で熱したフライパンに肉の巻き終わりを下にして入れ、塩こしょうをふる。う

5 2分ほどして焼き色が付いたら反対側も2分ほど焼く。

6 キッチンペーパーで余分な油をふき取る。え

7 火を止めてレモン½個を搾る。

8 器に好みの野菜と盛り、薄切りレモンをのせ粗びき黒こしょうをふる。お好みで七味マヨネーズを添える。

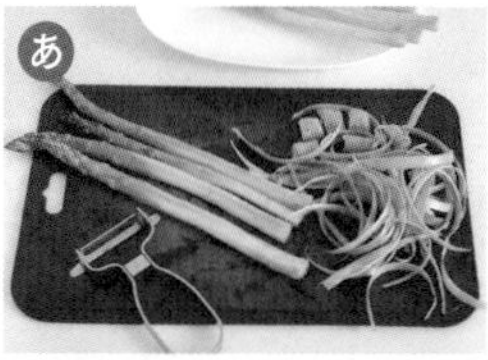

あ

い

う

え

トンテキ

にんにくはへたを少し切り、20秒レンチンすると皮と芯が外しやすい

調理時間 15 min

2人分

1 豚ロース肉（厚切り2枚）の水けをキッチンペーパーで取り、包丁で5ヵ所縦に切り込みを入れる。あ

2 1に塩こしょうをふり、小麦粉大さじ1をまぶす。

3 中火で熱したフライパンに肉を入れて両面各3分焼く。隙間ににんにく1かけ（薄切り）を入れる。い

4 にんにくに焼き色がついたら、皿に取り出しておく。う

5 ウスターソース・ケチャップ・みりん各大さじ1、醤油・砂糖各小さじ1を加え、2分ほど煮絡める。

6 仕上げにバター10gを入れる。バターが溶けたら器に盛る。え

7 にんにくチップをのせ、好みの野菜と共に盛る。お好みで粗びき黒こしょうをふる。

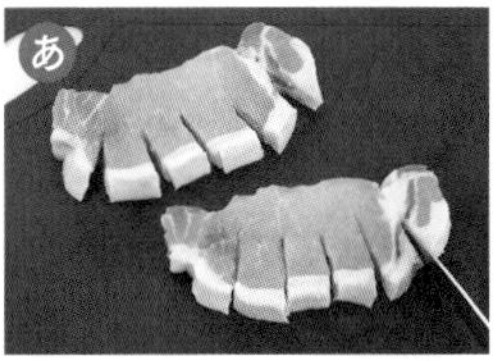

韓国風チーズとんかつ

豚肉は弱火でじっくり火を通し、裏返す時以外は触らない

調理時間 25 min

2人分

1 とろけるスライスチーズ8〜10枚を全部重ねて半分に切る。

2 豚ロース薄切り肉8枚（300g）1枚にチーズ1個を乗せる。あ

3 上からもう1枚豚肉を重ねる。い

4 チーズがはみ出ないようにさらに豚肉で包み、縦・横隙間がないようしっかり巻く。

5 4に小麦粉をまぶす。

6 溶き卵（1個分）→パン粉30gの順につける。

7 170℃に熱した油に6を入れ、各4分両面をきつね色になるまで弱火でじっくり揚げる。う

8 豚肉を持ち上げ油をしっかりと切る。

9 好みの大きさに切り、器に盛り、パセリを散らし、レモンや好みの野菜を添える。

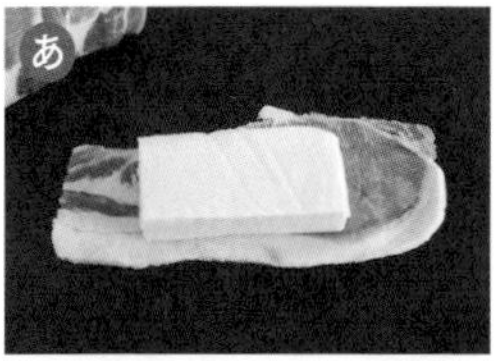

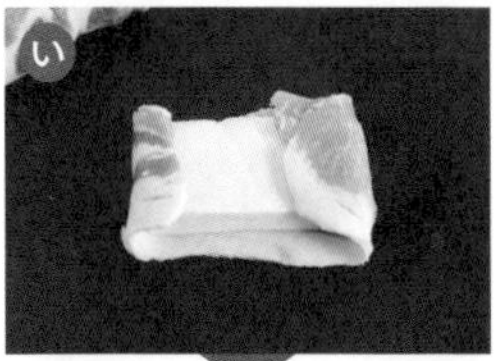

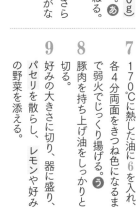

卵は焼いて被せるだけでもOK

野菜たっぷりとんぺい焼き

調理時間 15min

2人分

1 豚ばら薄切り肉150g（5㎝幅に切る）、キャベツ¼個（せん切り）、もやし½袋を用意。あ

2 フライパンを中火で熱し、豚肉を加えて焼き色（赤い部分が残っていてもOK）をつける。

3 2にキャベツともやしを加え、塩・こしょうをしてしんなりするまで中火で2〜3分炒め、一度皿に取り出す。

4 フライパンに溶き卵（3個分）の半量を流し入れる。卵が固まり始めたら、取り出した野菜の半量を中央にのせる。

5 具を包むようにへらで卵の両端を折りたたむ。い

6 もう一つ同じように作り、器に盛る。う

7 中濃ソースとマヨネーズをかけ、青のり、かつお節を適量のせる。え

あ

い

う

え

豚肉は縦と横に一枚ずつ少しずらしながら巻く

半熟卵の肉巻き

調理時間
20
min

2人分

1 豚ばら薄切り肉8枚(200g)、茹で卵4個を用意。

2 豚肉1枚を手に取り、卵をのせる。1枚目は縦方向に巻く。あ

3 2枚目は横にして包み込むように巻く。い

4 隙間が開かないよう、少しずつずらす。う

5 フライパンを中火で熱し、肉の巻き終わりを下にして入れる。え

6 各面2分ずつあまり触らないようにして、焼き色をつける。

7 醤油大さじ2、酒・みりん各大さじ1、砂糖大さじ½を加えてとろみが出たらよく絡める。

8 器に盛り、白ごまをふる。好みの野菜を添える。

あ

い

う

え

豚肉は火を通し過ぎないのがコツ

冷しゃぶサラダ

調理時間 20 min

2人分

1 もやし1袋を耐熱皿に入れ、ふんわりラップをして4分レンチン。

2 きゅうり2本をピーラーで縦にスライスし、トマト2個は輪切りにする。

3 器にふんわり折り畳んだきゅうりをバランスよく盛る。あ

4 3の上にトマトを並べる。い

5 4の上にもやしをこんもりと盛り付ける。う

6 鍋に湯を沸かし、沸騰したら弱火にして豚肩ロース薄切り肉250gをサッとくぐらせて火を通し、ざるに上げる。

7 5のもやしに6を1枚ずつ広げて盛る。え

8 ブロッコリースプラウトを適量散らす。たれ（醤油大さじ2、酢・ごま油・白ごま各大さじ1、砂糖小さじ2）をかけて食べる。

カンタンPOINT!

トマトは水煮缶でも。火が通っているのでトースターでもオーブンでもチーズが溶けたらOK。

具材が加熱済みなので、チーズが溶けたらOK

なすとトマトのミートグラタン

調理時間 20 min

2人分

1 なす2本(1㎝厚さの輪切り)、トマト2個(1口大)、玉ねぎ½個・にんにく1かけ(各みじん切り)にする。あ い

2 フライパンにオリーブ油大さじ2を熱し、なすを並べて両面焼き、器に取り出しておく。う

3 2のフライパンにオリーブ油大さじ1を足し、にんにくを入れて炒める a 。

4 香りが立ったら玉ねぎ、合いびき肉200gを加えて炒める。

5 肉から沢山脂が出てきたらキッチンペーパーで拭き取る b 。

6 肉に火が通ったらコンソメ顆粒小さじ1とトマトを加え、トマトをつぶしながら炒める c 。

7 ケチャップ大さじ2、中濃ソース大さじ1を加え中火で5分程煮込む d 。

8 耐熱皿に入れ、2のなすを並べ、ピザ用チーズ50gを乗せる e 。

9 トースターで焼き色が付くまで10分程焼き、パセリを散らす f 。

材料

あ

い

う

調理のPOINT!

肉だねを成形する時に手に叩き付けるように空気を抜く

ひとくちあんかけハンバーグ

調理時間 25 min

2人分

1 ボウルに牛豚合いびき肉300g、卵1個、白ねぎ15cm長さ（みじん切り）、パン粉大さじ5、牛乳大さじ3、塩・こしょう適量、生姜チューブ2cm長さを入れ、粘りが出るまで練り混ぜる。あ

2 1を8等分にし、丸く形を整え、油を引いたフライパンに並べて、中火で2分ほど焼く。い

3 焼き色が付いたら裏返し、水大さじ2を入れ、蓋をして弱火で3分焼く。

4 3を皿に取り出し、フライパンの汚れをキッチンペーパーで拭く。

5 あごだしつゆ（4倍濃縮）大さじ2、水200mℓ、生姜チューブ2cm長さを混ぜ、フライパンに入れて中火で熱し、沸騰したら水溶き片栗粉（片栗粉大さじ1＋水大さじ2）を加え素早く混ぜる。う

6 とろみが出たら火を消してハンバーグにかける（大さじ1ずつ）。

7 縦半分に切った大葉（4枚分）と大根おろし（3cm長さ分）を乗せる。え

あ

い

う

え

ピーマンはひっくり返さず
肉の面を下にして弱火で蒸し焼きに

肉詰めピーマン

調理時間 20 min

2人分

1 パン粉・牛乳各大さじ3を合わせ、パン粉をふやかす。

2 ビニール袋に縦半分に切って種とへたを除いたピーマン4個と片栗粉大さじ1を入れ、空気を含めてふり、片栗粉をまぶす。あ

3 ボウルに牛豚合いびき肉200g、玉ねぎ¼個（みじん切り）、パン粉・牛乳各大さじ3、塩・こしょう適量を入れて粘りが出るまで、練り混ぜる。

4 2のピーマンに隙間のないようにしっかり詰める。い

5 薄く油を引いたフライパンに4の肉の面を下にして並び入れ、中火で2分ほど焼く。う

6 焼き色が付いたら蓋をして弱火で5分蒸し焼きにし、器に取り出す。え

7 肉汁が残ったフライパンにケチャップ大さじ2、中濃ソース・みりん各大さじ1を入れ、中火で熱し、沸騰したら火を止める。

8 器に盛り、7をかけ、熱々のうちにカットしたスライスチーズ1枚を乗せ、野菜をつけ合わせる。

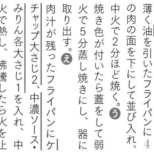

マッシュポテトでかさ増しでまんまるえびフライ

太っちょえびフライ

調理時間 25 min

2〜4人分

1 じゃがいも3個（一口大に切る）は、サッと水にさらし耐熱皿に入れる。ラップをして5分ほどレンチンして、芯まで柔らかくなったら熱いうちにフォークでつぶす。

2 1の粗熱が取れたら、マヨネーズ大さじ2、塩こしょうを加えて混ぜる。あ

3 えび（6〜8尾）の下処理をする。殻をむき、背わたを取り出し、尻尾の汚れを包丁でしごき出す。い

4 2を8等分にし、手のひらに乗せて、えびを乗せる a。

5 じゃがいもでえびを包み込み楕円形に形を整える。この時尻尾の付け根に隙間ができないようにしっかりと包む b。

6 5に、小麦粉大さじ2→溶き卵1個分→パン粉30gの順に衣をつける c。

7 180℃に熱した油で、きつね色になるまで5分ほど揚げ、油をきる e。

8 器に盛り、好みの野菜、タルタルソース（みじん切りした茹で卵2個分、マヨネーズ大さじ4、牛乳大さじ1、塩・こしょうを混ぜる）を添える f。

あ

い
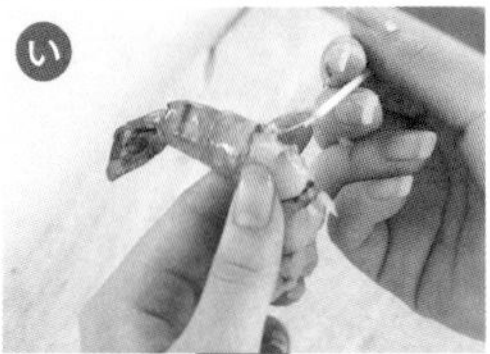

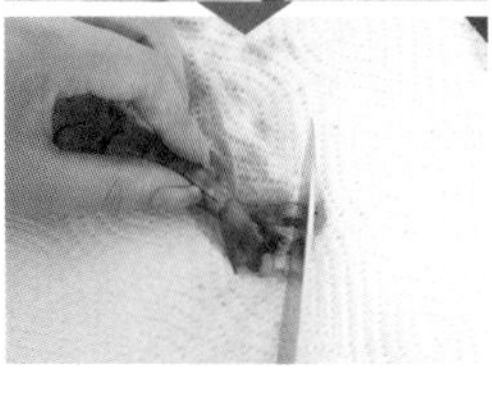

調理のPOINT!

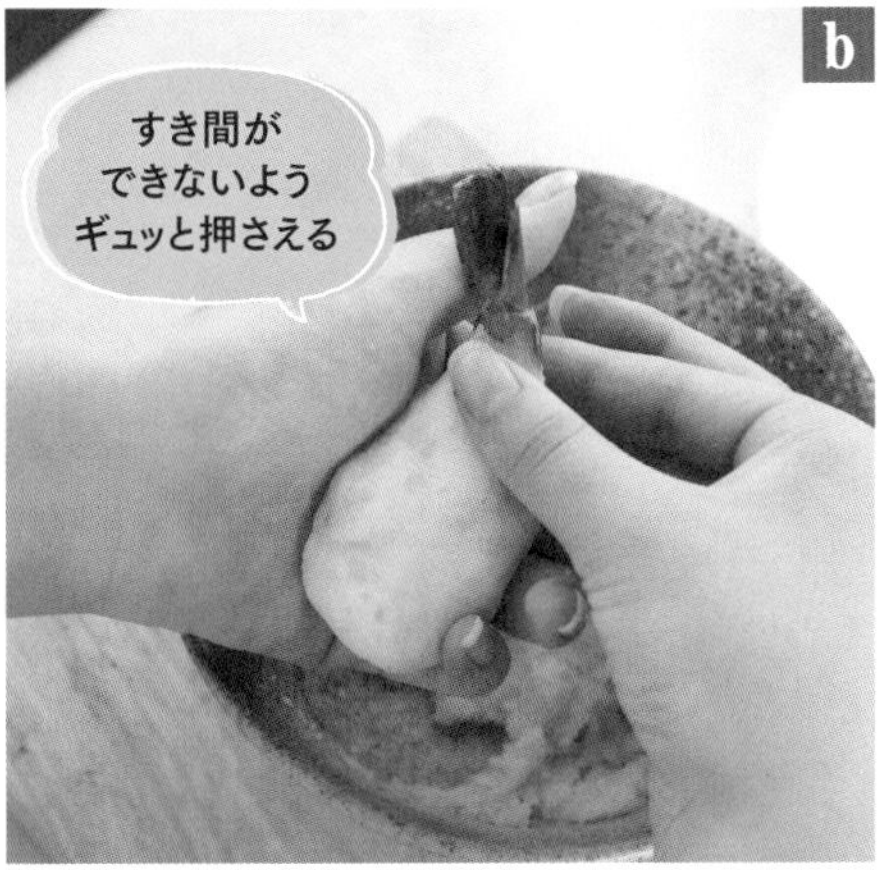

鮭のガーリックバターレモンソテー

にんにくは根元を少し切り落とし20秒レンチンすると皮も芯も外しやすい

調理時間 20 min

2人分

1 生鮭切り身（2切れ）に塩こしょうをふり5分程置き、水分が出てきたらキッチンペーパーで拭き取る。

2 1に小麦粉適量をまぶす。

3 じゃがいも2個（皮をむいて、1cm厚さに切る）を水にサッと浸して、水けをきったらラップをかけて2分レンチン。

4 フライパンにオリーブ油大さじ1とにんにく2片（皮をむいて、芯を取り、スライス）を弱火で熱して、色付いたらキッチンペーパーに乗せて取り出す。あ

5 じゃがいもを入れ、塩こしょうをして中火で両面焼き色がつくまで焼き、器に取り出す。

6 鮭を皮目から中火で焼き、焼き色がついたら裏返す。い

7 バター20gを入れてレモン½個を絞る。う

8 器にじゃがいも→鮭の順に盛り、フライパンに残ったソースをかける。

9 レモン（薄切り2枚）と、にんにくチップを乗せて、粗びき黒こしょうをかけ、パセリを散らす。

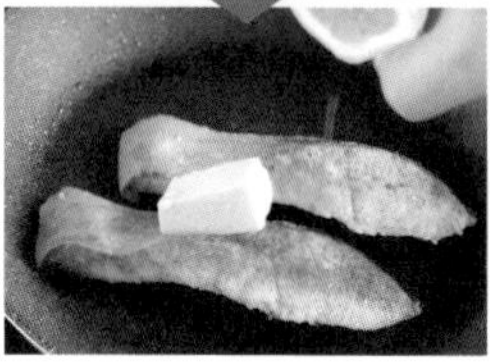

ぶりは塩をふり水分を拭き取り、臭みを取る

ぶりの照りマヨポン酢

調理時間 15 min

2人分

1 ぶり切り身(2切れ)に塩をふり5分程置き、水けが出てきたらキッチンペーパーで拭き取る。あ

2 ぶりと長ねぎ(1本分)を一口大に切る。い

3 ポリ袋にぶりと片栗粉大さじ1を入れ、粉をまんべんなくまぶす。う

4 フライパンに油大さじ½を中火で熱し、ぶりと白ねぎを並べて焼く。え

5 焼き色が付いたら裏返し、たれ(ポン酢大さじ2、マヨネーズ・みりん各大さじ1、砂糖小さじ1)を入れサッと絡める。お

6 器に盛り、好みで追いマヨし、野菜を添える。か

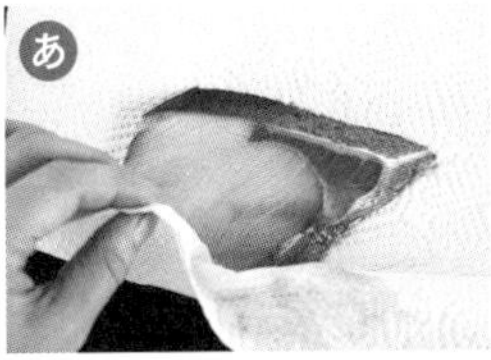

タルタルソースにしば漬けを加え、彩りと食感をプラス

サーモンフライ しば漬けタルタルソース

調理時間 20 min

2人分

1 生鮭（2切れ）に塩こしょうをふり5分程置き、水けが出てきたらキッチンペーパーで拭き取る。

2 タルタルソースを作る。茹で卵2個（みじん切り）、しば漬け30g（みじん切り）をボウルに入れ、マヨネーズ大さじ3、牛乳大さじ2を加え、塩こしょうをふり、混ぜる。あ

3 1の鮭に小麦粉大さじ1→溶き卵（1個分）→パン粉30gの順に衣をつける。い

4 170℃に熱した油に3を入れ、各面を2分ずつきつね色になるまで揚げる。う

5 鮭の油をしっかりと切る。

6 器に盛り、タルタルソース、好みの野菜を添える。

最後に残ったバターは焦がしバターになっているのでソースに加える

サーモンのマスタードバターソース

調理時間 20min

2人分

1 生鮭2切れに塩こしょうをふり5分程置き、水けが出てきたらキッチンペーパーで拭き取る。

2 小麦粉大さじ1をまぶす。

3 フライパンにバター25gを中火で熱し、鮭を2分ほど焼いて焼き色が付いたら裏返し、端に寄せる。あ

4 空いたスペースに舞茸1パックを入れ、塩こしょうをして中火で2分ほど焼く。い

5 器に鮭と舞茸を盛る。フライパンの残りのバターに粒マスタード大さじ1、マヨネーズ大さじ2、醤油小さじ1を加えてまぜてソースを作る。サーモンにかける。う

6 パセリを散らし、好みの野菜を添える。

あ

い

う

チーズがはみ出さないように丸く包み形を整える

カラフルチーズいももち

調理時間 20 min

2人分（8個分）

1 じゃがいも4個（300g）の皮をむき、4等分して、水にさっとさらす。

2 耐熱容器に入れ、ラップをして5分ほどレンチンして芯まで加熱する。あ

3 2を色別に分け、フォークで潰す a。

4 調味料〈片栗粉大さじ3、牛乳大さじ2、マヨネーズ大さじ1、塩小さじ1/3〉を、じゃがいものグラム数に応じて配分する b。

5 4を各色2等分する。

6 スライスチーズ4枚を用意。1/2枚を小さくたたみ、じゃがいもの中央に乗せて包む c。

7 形を整える d。

8 フライパンにバター10gを熱し、5を両面に焼き色が付くまで中火で2分ずつ焼く。

普通のじゃがいもで作ってもOK!!

あ

キタムラサキ、ノーザンルビーなどカラフルな品種を使用

調理のPOINT!

ほんのり甘くてソースなしでも美味しい

まん丸コロッケ

調理時間 25 min

2人分

1 じゃがいも2〜3個（約300g）の皮をむき、適当な大きさに切って、ラップをして5分レンチンし、フォークでつぶしておく。あ

2 バター10gをフライパンで熱し、玉ねぎ（みじん切り）¼個、牛豚合いびき肉100g、塩小さじ⅓を加えて肉の色が変わるまで中火で炒める。い

3 2に1を入れ、砂糖小さじ2を加えて混ぜる a。

4 粗熱が取れたら6等分する b。丸い形になるようにぎゅっと手で握り、形を整える c。

5 衣を小麦粉（20g）→溶き卵（1個分）→パン粉（20g）の順に衣をつける d。

6 170℃の油で時々転がしながらきつね色になるまで4分ほど揚げる e。

7 好みの野菜と器に盛り、ソースをかけ、白ごまをふる f。

材料

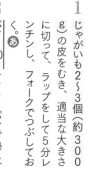

調理のPOINT!

a

b

c

d

e

f

一度冷ますと味がよく染み込む

肉じゃが

調理時間 25 min

2人分

1 にんじん1本（小さめ乱切り）（好みで飾り切り）、玉ねぎ1個（くし切り）、じゃがいも3個（大きめ乱切り）にして水にさらす。

2 いんげん適量を沸騰した湯で2分茹でる。箸で取り上げて冷水で粗熱を取る。

3 2の沸騰した湯で、糸こんにゃく1袋（食べやすい長さに切る）を2分ゆで、ざるにあげる。あ

4 鍋に油大さじ1を熱し、玉ねぎ→にんじん→じゃがいもの順に入れて中火で3分炒める。

5 しらたき、牛肉切り落とし200g、和風だし汁400ccを入れて沸騰したらあくをすくって取る。い

6 調味料（酒・みりん・砂糖大さじ3）を入れて、落とし蓋をして弱火で10分煮込む。

7 醤油大さじ4を入れて、落とし蓋をしてさらに5分煮込む。

8 落し蓋を取り、少し火を強めて煮汁を煮詰める。

9 器に盛り、彩りでいんげんを散らす。

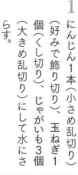

れんこんはしっかりと焼き色をつけて香ばしく

れんこんと豚こまの甘辛炒め

調理時間 15 min

2人分

1 れんこん（小2節）200gは皮をむき、7～8㎜幅の輪切りにする。あ

2 油を引いたフライパンでれんこんを焼き色が付くまで中火で片面2分ずつ焼く。い

3 れんこんを端に寄せ、空いたスペースで豚こま切れ肉200gを炒める。う

4 豚肉に火が通ったら**たれ**（醤油大さじ2、みりん・砂糖・酒各大さじ1）を入れ、照りが出るまで煮絡める。え

5 2皿に分けて盛り、小口切りにした万能ねぎ適量、温泉卵1個をのせ、七味唐辛子をふる。もう1皿も同様に行う。

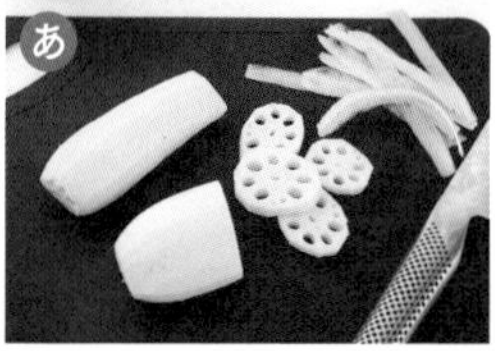

焼いている時はへらで押さえない
山芋たっぷりお好み焼き

調理時間 20min

2人分

1 大きめのボウルに生地（山芋150g（すりおろし）、薄力粉80g、水50㎖、顆粒かつおだし小さじ1）を入れて混ぜる。
※冷蔵庫で30分寝かせるとふんわりした食感になる。

2 1にキャベツ250g（1cm角切り）、卵2個、紅生姜10gを加えて、下からすくい上げるように混ぜる。あ

3 熱したフライパンで2の半量を入れ、丸く形を整える。い

4 豚ばら薄切り肉100gの半量を乗せ、肉に塩・こしょうをして中火で3分焼く。う

5 へらで返し3分焼いたらもう一度裏返して1分焼く。もう1つも同様に焼く。

6 器に盛り、ソースとマヨネーズをかけ、青のり、かつお節を適量かける。
※マヨネーズの縞模様を竹串で手前に引くと、お店風に。え

あ

い

う

え

生春巻きの皮は破れやすいので水にサッと浸し、春巻き同士をくっ付けないようにする

生春巻き

調理時間
15
min

2人分

1 生春巻き皮4枚、えび（ボイル済）8尾、せん切りした野菜（レタス4枚・きゅうり½本・にんじん⅓本）を用意。あ

2 大きめのお皿やフライパンに水を入れて、生春巻きの皮1枚を軽く、くぐらせる。

3 2のつるつるした面を外側にしてまな板の上に乗せ、手前2cmほどあけて、野菜→えび2尾の順に置く。い

4 手前からくるっと一周巻き、サイドを折りたたむ。う

5 最後まで巻いたら好きな大きさにカットして、器に盛り、スイートチリソースをつけて食べる。

※大葉があれば器に敷くと彩りが良い。

たっぷり野菜をお肉で巻いてレンチンするだけ

豆苗ともやしの肉巻き ごまマヨポン酢

調理時間 15 min

2人分

1 材料を用意する。豚ばら薄切り肉12枚（約300g）、豆苗1袋（根元を切り落とし、半分に切る）、もやし1袋。あ

2 豚肉を縦長に置き、手前に豆苗ともやしをひとつまみずつ置く。

3 手前から巻いていく。い

4 耐熱皿にのせて、ラップをして5分レンチン。う

5 4を器に盛り、たれ（ポン酢大さじ3、マヨネーズ・すりごま・白ごま各大さじ1）をかけ、好みですだちの薄切りを飾る。え

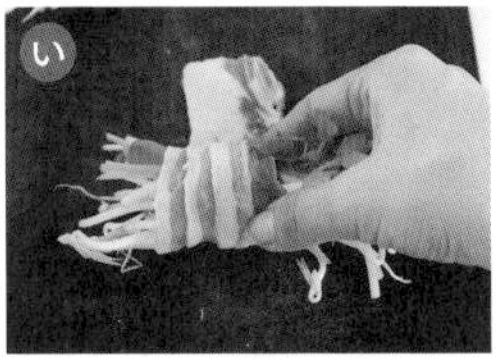

大根はレンチンで加熱しておくと時短に

豚ばら大根

調理時間 25min

※冷ます時間を除く。

2人分

1 大根½本（500g）を1・5cm幅の半月切り、豚ばら薄切り肉200gを5cm長さに切る。あ

2 耐熱容器に大根を入れ、ラップをして5分レンチン。

3 深めのフライパンを中火で熱し、豚肉を炒める。豚肉の色が変わったら2を入れてサッと炒める。い

4 調味料（醤油・酒・みりん各大さじ3、砂糖大さじ1、水15mℓ）を加え、沸騰したら蓋をして弱火で10分煮る。

5 火を止めて、10分以上置いて冷まして味を染み込ませる。う

6 蓋を取り再び中火で熱し、上下を返しながら煮汁が少なくなるまで10分煮る。

7 6を器に盛り、好みで彩り野菜を添える。え

5分でできちゃう!

ラップで丸めて簡単にすぐにできる
かまぼこはできるだけ薄くカットする

かまぼこお花手毬

（2個分）

1

3cm幅のかまぼこ（ピンク）を用意し、2mm厚さに切る。たくあん1切れを細かくみじん切りにする。

2

温かいご飯（茶碗1杯分）に市販のすし酢大さじ1を加え混ぜたら、ラップにご飯を半量ずつ乗せ丸く握る。

3

ラップを広げてかまぼこをずらしながら並べ丸めたご飯を乗せ再びぎゅっと握る。

4

ラップを外してたくあんを添える。

PART 2

主役を引き立てる
サブおかず

華やかな主役の影になり、
見えないところで主役を支える縁の下の力持ち。
彩り、栄養バランスなど目立たない部分で
重要な役割を果たしています。

副菜にも
お弁当おかずにも
活躍できる優れもの

主役も、名脇役もこなす幅ありおかず

さつまいもとにんじんの肉巻き

調理時間 20 min

2人分

1 さつまいも½本は皮付きのまま、にんじんは½本皮をむき、大きさを揃えて1㎝角のスティック状にカットする。（切れ端はお味噌汁などに使う）あ

2 さつまいもはさっと水にさらし水けをきったらにんじんと一緒に耐熱皿に入れ、ラップをして3分レンチン。い

3 豚ロース肉8枚（約200g）を広げて縦に置き、軽く冷ました2を手前に2切れずつ、市松模様になるように交互に置いて巻く a。

4 軽く油をひいたフライパンに3の巻き終わりを下にして並べ、中火で焼く b。

5 焼き色が付いたら向きを変えて、全体に焼き色をつける c。

6 醤油大さじ2、酒・みりん・砂糖各大さじ1を混ぜ合わせる d。

7 5に6を加える。

8 とろみが出て照りが出るまで煮絡める e。

9 半分に切り、器に盛る f。

あ

い

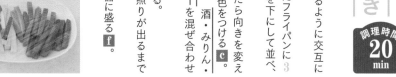

調理のPOINT!

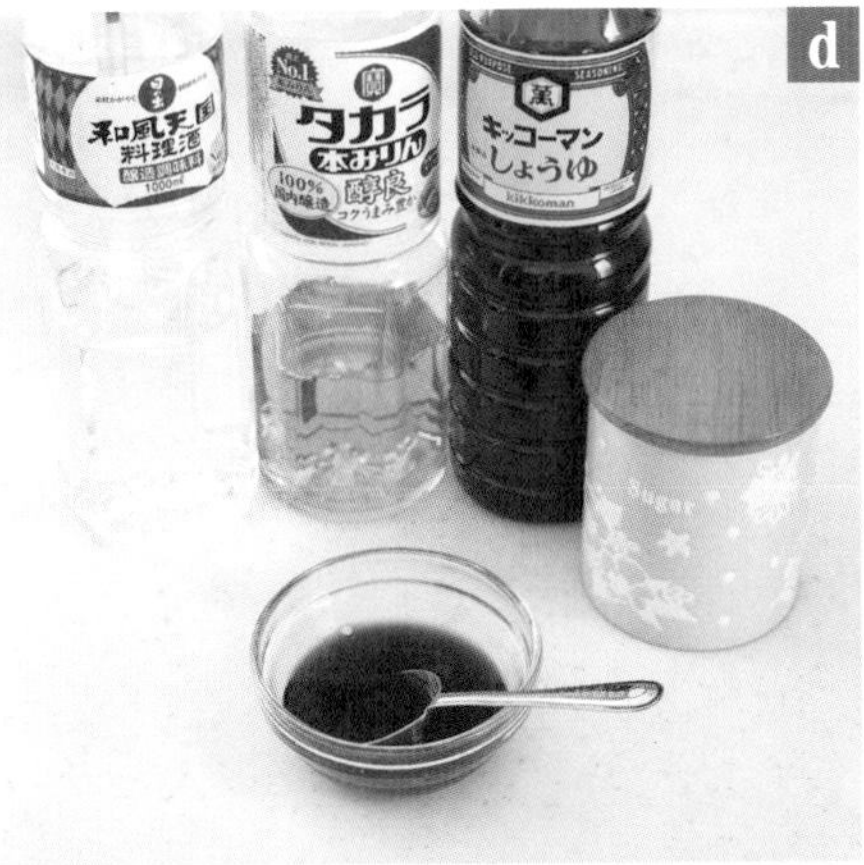

見た目も可愛く食べやすい一口サイズに

スクエアスイートポテト

調理時間 20 min

2人分

1 さつまいも大1本の皮をむいて一口サイズにカットし、大きめの耐熱皿に入れて10分水に浸す。

2 水けをきってラップをして5分レンチン。

3 フードプロセッサーなどで滑らかになるまでよく攪拌する。

4 3にバター・砂糖各大さじ2、バニラエッセンス適量を加えてよく混ぜる a。

5 ひとかたまりにしてクッキングシートの上に乗せる b。

6 両端を持って上下左右、手で形を整え四角にする c。

7 包丁で少しずつ間隔を空けながら縦横均等に4等分に切る d。

8 7に卵黄1個分を刷毛やスプーンの背で塗る e。

9 爪楊枝の先を水で濡らして、飾りの黒ごまを乗せる f。

10 200℃のオーブンで約15～20分焼く。（焼き色がつくまで調整する。トースターでもOK。）あ

あ

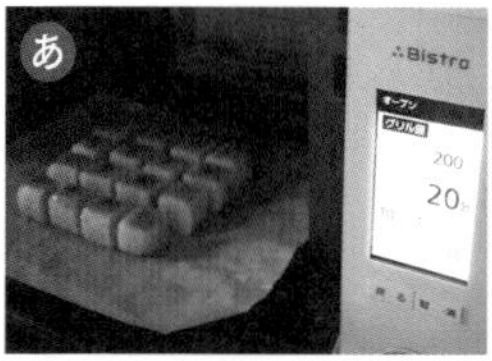

シンプルな材料でスイートポテトができちゃう

調理のPOINT!

a

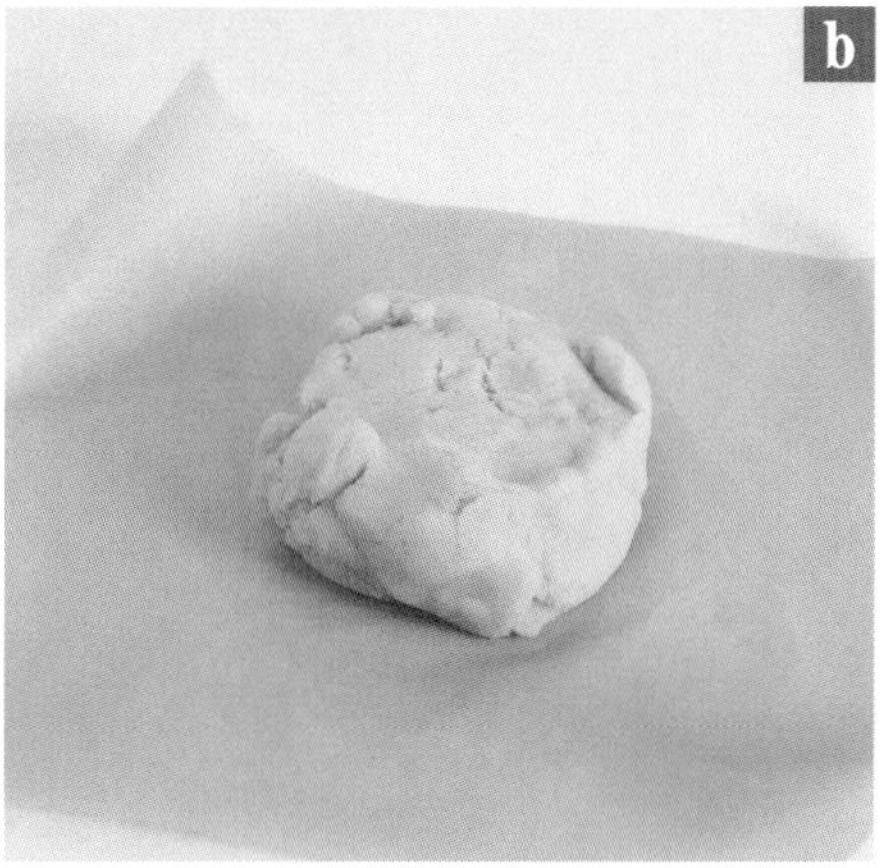
b

c

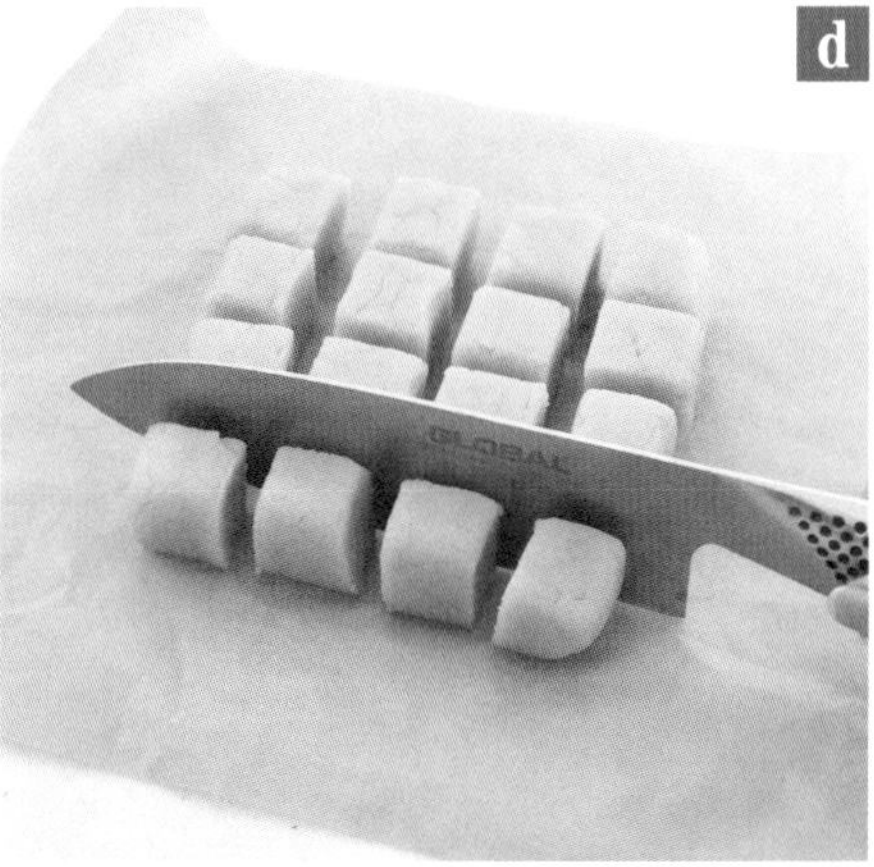
d

e

f

いんげんは茹でたら氷水で急冷し、しっかり水けを拭き取る

いんげんの胡麻和え

調理時間 10 min

2人分

1 いんげん50gは洗って両側のへたを切り落とす。あ

2 小鍋に水500㎖を沸かし塩小さじ1と1を入れて、中火で2分茹でる。

3 ざるに上げ、氷水で冷まし、キッチンペーパーで水けを拭き取り、3等分に切る。い

4 ボウルにすりごま大さじ1、白ごま・醤油・砂糖各小さじ1を合わせ、3を加えて和える。

塩をふったら水けをしっかりと絞る

カニカマキャベツのコールスロー

調理時間 15 min

2人分

1 ざるにキャベツ200gときゅうり½本（せん切り）を入れて塩小さじ⅓をふり揉み込む。10分程置いてしんなりしたら手でぎゅっと水けを絞りボウルに入れる。

2 1のボウルにカニカマ5本（手で割く）と砂糖・酢各小さじ1、マヨネーズ大さじ2、塩・こしょう適量を入れて混ぜ合わせる。あ

3 器に盛り、お好みで粗びき黒こしょうをふる。

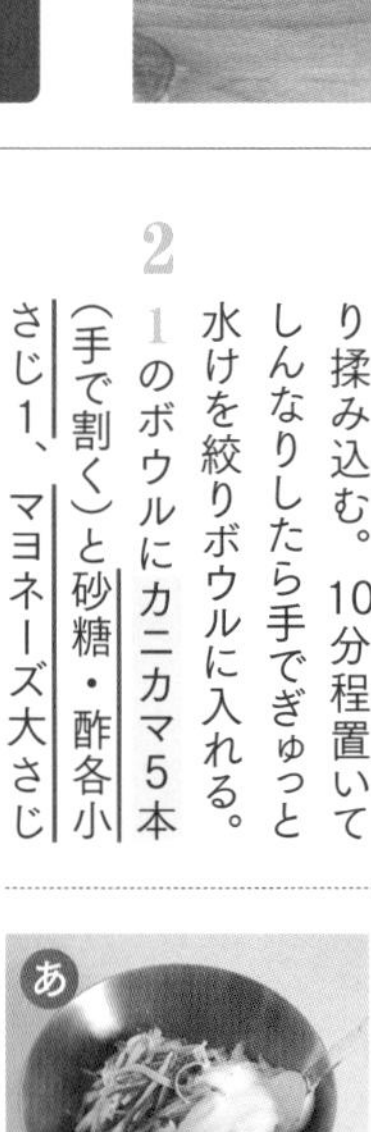

切り込みを入れて湯むきをすればカンタン

カラフルミニトマトの蜂蜜マリネ

調理時間 15 min

2人分

1 ミニトマト250gはへたを取って洗い、包丁で薄く切り込みを入れる。あ

2 鍋に湯を沸かし、沸騰したら火を止めて、1を入れて10秒ほど置く。

3 皮がめくれてきたらお湯から取り出し、冷水に取る。い

4 優しく皮をむき、キッチンペーパーの上に乗せて軽く水けをきる。

5 器に移し、市販のすし酢・蜂蜜・オリーブ油各大さじ1を加え、冷蔵庫で2時間以上よく冷やす。

あ

い
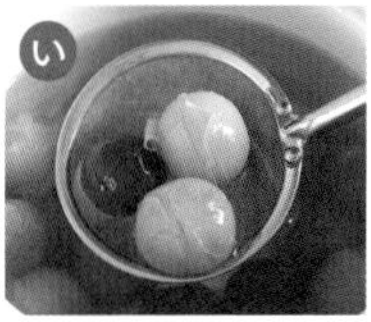

2色のズッキーニでカラフルに

ズッキーニのソテー

調理時間 15 min

2人分

1 フライパンにオリーブ油大さじ1.5を熱し、ベーコン50g（薄切り）、にんにくチューブ2cmを入れて焼く。あ

2 焼き色がついたらベーコンを端に寄せ、ズッキーニ2本（1cm厚輪切り）を並び入れ、両面に焼き色が付くまでじっくりと焼く。い

3 ハーブソルト適量をふり、器に盛りつけ、お好みでピンクペッパーを添える。

あ

い

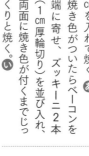

レンジでかんたん

かぼちゃのおかかバター

2人分

1 かぼちゃ300gの種とわたを取り出し、1cm厚の一口大に切る。あ

2 1を耐熱皿に入れ、醤油・みりん各大さじ1を加えラップをして4分レンチン。

3 2にかつお節1袋（2g）とバター10gを入れて混ぜ、バターが溶けたら器に盛る。い

調理時間 10 min

全て茹でたら混ぜるだけ

えびと茹で卵とブロッコリーのサラダ

2人分

1 ブロッコリー½株は小房に分け熱湯で茹でて水けをきる。

2 えび6尾は殻と背わたを取り除き、熱湯で色が変わるまで茹でて水けをきる。

3 茹で卵2個を6～8等分に切る。

4 ボウルに1、2、3を入れ、マヨネーズ大さじ4、砂糖小さじ1、塩こしょうを加えてさっくり混ぜる。あ

5 器に盛り、粗びき黒こしょうをふる。い

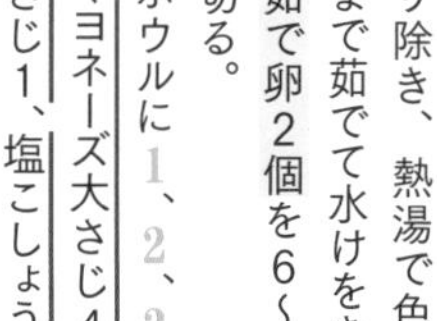

調理時間 15 min

デパ地下風のおしゃれな装い

さつまいものデリ風サラダ

調理時間 10 min

2人分

1 さつまいも小2本は皮付きのまま1cm角に切り、水にサッとさらしラップをして5分レンチン。あ

2 1の水けをきり、マヨネーズ大さじ2、蜂蜜小さじ2を加えて下からすくい上げながらさっくり混ぜる。

3 レーズン大さじ1と手でちぎったクリームチーズ2個を加えて混ぜ、粗びき黒こしょうをふる。い

揚げる前に塩をふり、水けを出すことで油の吸い過ぎを防ぐ

なすの南蛮漬け

調理時間 15 min

2人分

1 なす2本はへたを切り落とし、縦半分に切り、皮目に格子状に切れ目を入れ、3〜4等分に切る。あ

2 ボウルに酢・麺つゆ（4倍濃縮）各大さじ1.5、水・砂糖各大さじ1、輪切り唐辛子を入れて混ぜ合わせる。

3 ざるに1を入れて塩をふり5分程置き、キッチンペーパーでなすの水けを拭き取る。

4 熱した油になすを皮目から入れ、色よく揚げる。い

5 油をしっかりと切り、熱い内に2に漬け込む。

6 器に盛り、大葉2枚（丸めてせん切り）を添える。

切り干し大根はぬるま湯で戻して時短

切り干し大根のツナマヨサラダ

調理時間 10 min

2人分

1 切り干し大根30gをぬるま湯で戻し(5分程)、水けを絞り、食べやすい大きさに切る。

2 ボウルに1とツナ缶½缶を入れて和え、マヨネーズ大さじ1、ポン酢・すりごま各小さじ2を加えて混ぜる。あ

3 器に盛り、白ごまとスプラウトを添える。い

トマトは湯むきしたらジッパー付き保存袋に入れ冷蔵庫で冷やし、味をしみこませる

冷やし出汁トマト

調理時間 10 min

2人分

1 トマト2個はへたを取り包丁で十字に切り込みを入れる。

2 鍋に湯を沸かし1を入れて30秒ほど茹でる。

3 皮がめくれてきたらお湯から取り出し、冷水に取る。

4 3の皮をむき、水200㎖、白だし大さじ3と共にジッパー付き保存袋に入れ、冷蔵庫で2時間以上よく冷やす。あ

5 器に盛り、大葉2枚(せん切り)を乗せる。

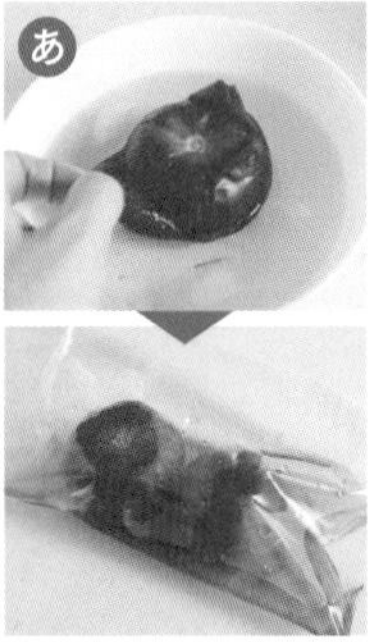

大きさを揃えてカットしたら混ぜるだけ。

帆立とアボカドトマトのサラダ

調理時間 10 min

2人分

1 帆立貝柱2〜4個、アボカド1個、トマト1個は大きさを揃えて角切りにする。レモンはトッピング用に1枚スライスする。あ

2 ボウルに粒マスタード・蜂蜜各大さじ1、マヨネーズ大さじ2とレモン果汁½個分を混ぜ合わせる。

3 2を1に入れてさっくりと混ぜる。い

4 器に盛り、レモンを添え粗びき黒こしょうをふる。

あ

い

よく冷やすと美味しい

トマトとアボカドのマリネ

調理時間 5 min

2人分

1 トマト1個とアボカド1個は1㎝角に切り、レモン1個は飾り用に2切れ切っておく。あ

2 ボウルにオリーブ油大さじ2、蜂蜜・酢・レモン汁各大さじ1を入れて混ぜ、1を加えてさっと和える。い

3 器に盛り、粗びき黒こしょうをふり、飾りのレモンを添える。

あ
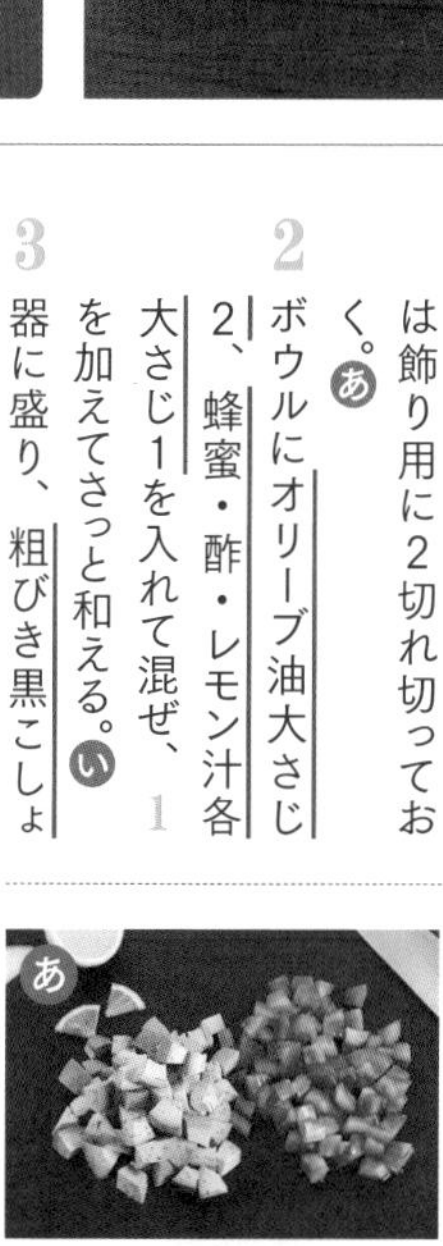

い

レンジで加熱して和えるだけ

れんこん柚子こしょうマヨ

調理時間 5 min

2人分

1 れんこん150gの皮をむき、いちょう切りにして水にサッとさらし、水けをきったらラップをして2分レンチン。あ

2 柚子こしょう小さじ1とマヨネーズ大さじ2を混ぜる。い

3 2と1と和えて器に盛り、粗びき黒こしょうをかける。

あ

い

ごまたっぷりで食べごたえある1品

れんこんのごまマヨサラダ

調理時間 10 min

2人分

1 れんこん100gとにんじん½本は皮をむき5㎜幅に切る。

2 れんこんはサッと水に浸し、水けをきる。にんじんと耐熱皿に入れて3分レンチン。

3 醤油・市販のすし酢・砂糖各大さじ1を混ぜ、2に加えて和える。あ

4 3にマヨネーズ・すりごま各大さじ2を加えて混ぜる。い

5 器に盛り白ごまをふる。

あ

い

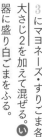

れんこんは小さめで、穴が均等に空いているものを選ぶ

酢れんこん

調理時間 10 min

2人分

1 れんこん200gは皮をむき、5㎜幅に切り、水にさらす。

2 れんこんは穴と穴の間にΛ型に切り込みを入れる。角を切り落とすように一周する。あ

3 鍋に湯を沸かし、沸騰したら塩小さじ1と2を入れ、中火で3分ゆでる。

4 ざるに上げキッチンペーパーでしっかり押さえて水けをきる。

5 保存容器に入れ、輪切り唐辛子適量とひたひたに浸かる程度に市販のすし酢適量を入れ2時間程冷蔵庫で漬け込む。い

大根おろしはフードプロセッサーで時短に

大根餅

調理時間 15 min

2人分

1 大根300gは皮をむいてすりおろし、軽く水けをきる。

2 ボウルに1と桜海老大さじ2、ねぎ大さじ2（小口切り）、片栗粉大さじ5、鶏がらスープの素小さじ1を加えて混ぜる。

3 6～8等分に分けて丸め、フライパンにごま油大さじ1を熱し、並び入れる。あ

4 3分程焼き、焼き色がついたら裏返し、2分蓋をして蒸し焼きにする。い

5 ポン酢やラー油など、好みで添える。

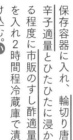

葉の部分を入れたら炒め過ぎない

ほうれんそうとベーコンのバター炒め

調理時間 10 min

2人分

1 フライパンにバター15g、にんにくチューブ2cm、ベーコン50g（1cm幅に切る）を入れて2分ほど炒める。あ

2 ほうれんそう1袋（3cm幅に切る）の茎の部分を入れて1分炒める。い

3 葉の部分を入れたら塩こしょうを加えさっと炒める。

きゅうりはピーラーを使い、手でくるくると巻く

くるくるサラダ

調理時間 10 min

2人分

和風ドレッシング
醤油・酢各大さじ1.5
すりごま大さじ2、ごま油・砂糖小さじ2

ハニーマスタードドレッシング
オリーブ油大さじ1、粒マスタード・蜂蜜・醤油各大さじ½

1 生ハム6枚は横半分に折り、端からふんわりと巻く。あ

2 きゅうり½本はピーラーでスライスし、くるくると巻く。あ

3 サニーレタス2枚を手でちぎり、器に盛る。1、2を盛り、半分に切ったプチトマト4個を乗せる。

4 お好みのドレッシング材料をボウルに全て入れてよく混ぜ、サラダにかける。い

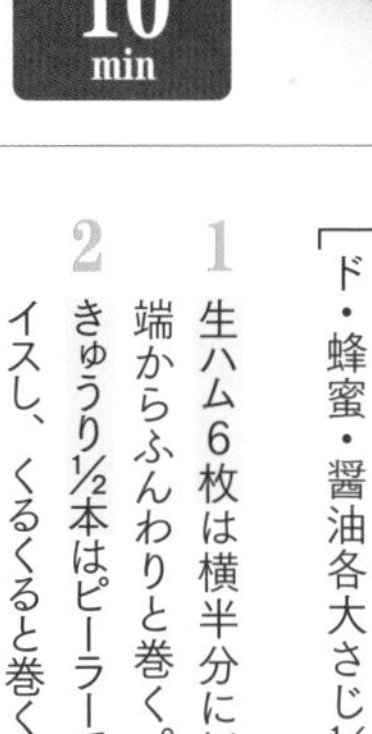

スライサーやピーラーを使うと時短に

にんじんしりしり

調理時間 15 min

2人分

1 にんじん1本は皮をむき、せん切りにする。あ

2 中火で熱したフライパンにごま油大さじ½をひき、1を入れてにんじんがしんなりするまで炒める。

3 醤油・酒各大さじ½、砂糖小さじ1、油をきったツナ缶1個を入れて汁けが少なくなるまで炒める。い

4 器に盛り、粗びき黒こしょうや白ごまを好みでふる。

あ

い

パスタは表示の茹で時間に＋1分長く茹で、冷水で冷やす

サラスパ

調理時間 10 min

2人分

1 手で半分に折ったパスタ1束（100g）を袋の表記時間プラス1分ゆで、ざるにあげる。

2 1を冷水で冷やして水けをきり、オリーブ油を回しかけておく。あ

3 ハム4枚は1㎝角に切ってほぐす。きゅうり½本は薄切りにし塩を適量ふりかけ、水けを絞る。

4 ボウルにマヨネーズ大さじ4、牛乳・酢各大さじ1、砂糖小さじ1、塩こしょう各適量を入れて混ぜ、2、3を加えて混ぜる。い

5 器に盛り、粗びき黒こしょうをふる。

あ

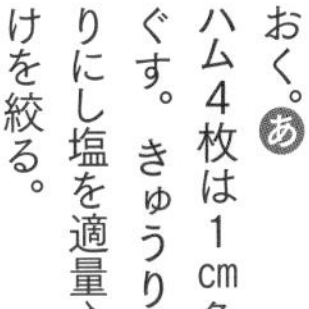

い

レンジで簡単たっぷりボリュームおかず

コーンたっぷりごぼうのツナマヨサラダ

調理時間 20 min

2人分

A マヨネーズ・すりごま各大さじ3、白ごま大さじ1、醤油・砂糖各大さじ½、市販のすし酢小さじ1

1 ごぼう1本とにんじん½本はせん切りにし、ごぼうは水にさらしておく。あ

2 1の水けをきり、耐熱皿に入れて3分レンチン。

3 ボウルにコーン1缶（120g）、ツナ缶1個（油をきる）、Aを入れて混ぜ合わせる。い

4 3に水けをきった2を熱いうちに加えて和える。

5 塩こしょうで味を調え器に盛る。

あ

い

生ハムは重ねたままカットして手でほぐす

生ハムユッケ

調理時間 10 min

2人分

1 生ハム1パック（20g）は重ねたまま5㎜幅に切り、きゅうり½本は斜め切りにしてからせん切りにする。あ

2 ごま油小さじ2、コチュジャン小さじ1、塩少々を合わせたボウルにきゅうりと生ハムをほぐしながら入れて和える。い

3 器に盛り白ごまをふる。

あ

い

ゴーヤは塩揉みして苦みをやわらげる

ゴーヤの梅マヨおかか和え

調理時間 15 min

2人分

ゴーヤ1本
梅干し2個
かつお節1パック

A マヨネーズ・ポン酢・ごま油・白ごま各大さじ1

塩小さじ1

1 ゴーヤ1本を縦半分に切り、中の種とわたをスプーンで取り、5㎜幅に切る。ビニール袋に塩とゴーヤを入れて揉む。あ

2 梅干し2個の種を取り出し、包丁で実を叩く。

3 鍋に湯を沸騰させ1を入れて2分茹で、ざるにあけ、氷水に漬ける。

4 3の水けを絞ってボウルに入れ、2、A、かつお節1パック（盛り付け用に少し残す。）を加えて混ぜる。い

5 器に盛り、残りのかつお節を乗せる。

あ

い

茹で卵は大きめにつぶしてボリュームアップ

えびとアスパラガスのカレーマヨサラダ

調理時間 15 min

2人分

アスパラガス5本
えび100g
卵2個
マヨネーズ大さじ2
カレー粉小さじ1
塩こしょう

1 アスパラガス5本は根元の固い部分の皮をむき3㎝幅に切る。

2 えび100gは殻・尾・背わたを取る。

3 鍋に湯を沸かし沸騰したら塩を加え1、2を入れて2分茹で、ざるにあげる。あ

4 3をボウルに入れ、同じ鍋で卵2個を茹でる。

5 4にマヨネーズ大さじ2、カレー粉小さじ1、塩こしょうを加えて、卵を軽くつぶしながら混ぜる。い

6 器に盛り、粗びき黒こしょうをふる。

あ

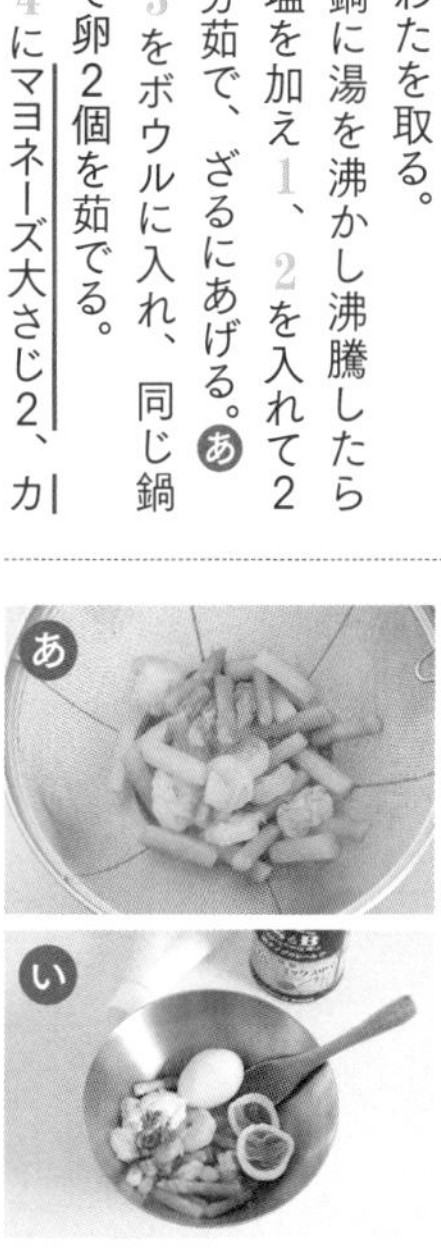

い

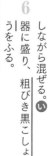

春巻きを折る時にしっかり水で止める。

兜《かぶと》のえび春巻き

調理時間 15 min

2～4人分

〈具材を作る〉

1 はんぺん1枚を袋の上から手で潰す。

2 むきえび100gは粗みじん切りにする。

3 1、2、片栗粉・マヨネーズ・酒各大さじ1をボウルに入れて混ぜ、10等分にする。

〈包む〉

1 春巻きの皮10枚を用意。まずは半分に三角に折る a。

2 更に頂点に向かって折る b。

3 下に向かって半分に折る c。

4 ⅓を上に向かって折り返す d。

5 水をつける e。

6 1枚折り返す f。

7 もう一度折り返してから、具を詰める g。

8 三角部分を中に入れ込み、のり付けする h。

9 170℃に熱した油で折り目を下にして揚げる。あ

10 1分程したら裏返し、更に1～2分きつね色になるまで揚げたら油をきって器に盛る。い

調理のPOINT!

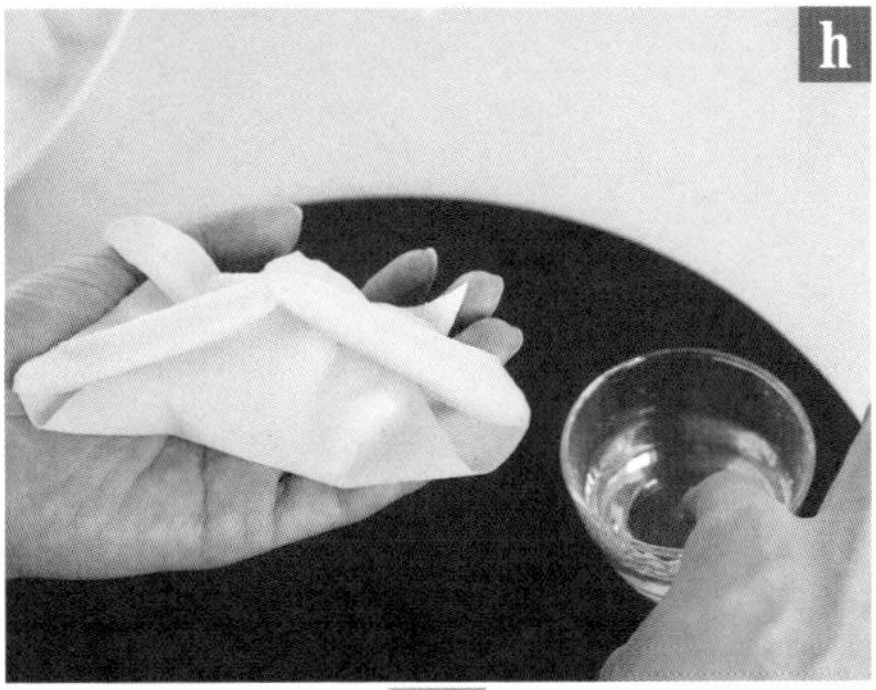

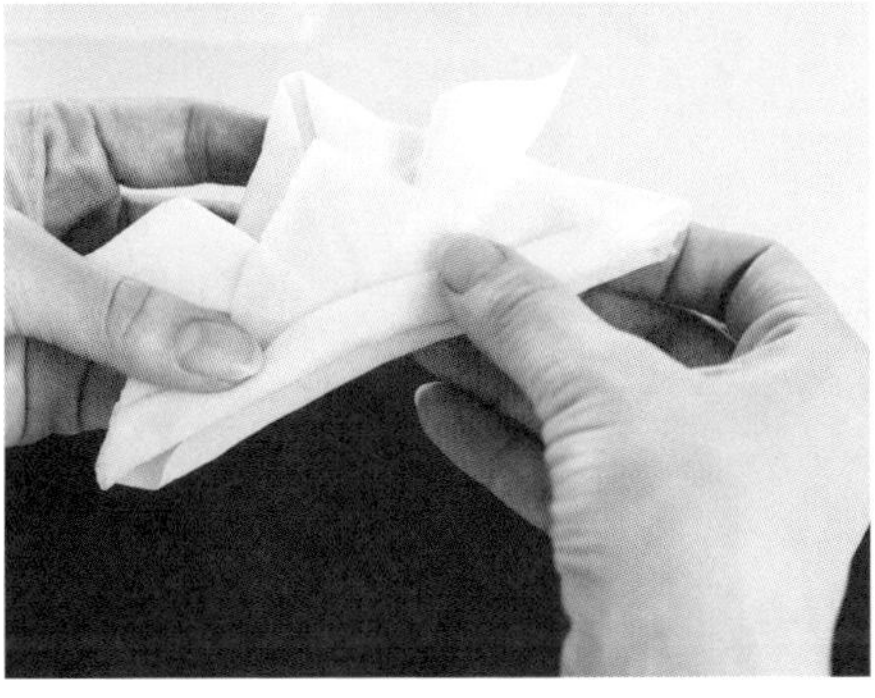

お花ちくわ

かまぼこはできるだけ薄くカットする
細いちくわの場合はかまぼこ1枚にする。

調理時間 5 min

4個分

1 ちくわ(太め)1本を4等分、さやいんげん1本は斜め薄切り、かまぼこ(ピンク)¼本はできるだけ薄くスライスする。あ

2 かまぼこを手でくるくる巻き、2枚重ねてちくわの穴にいれる。い

3 さやいんげんを添える。

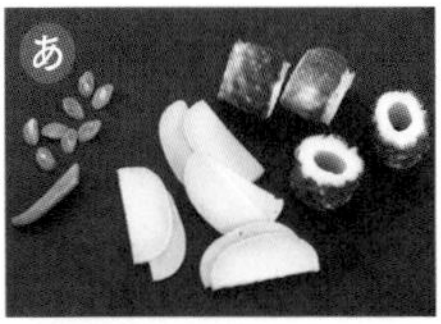

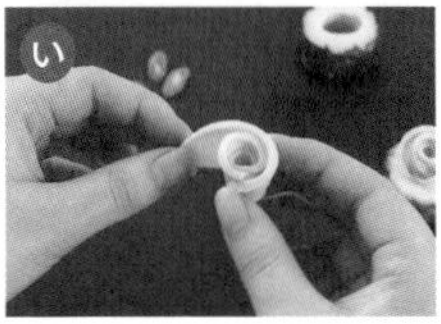

いかと海老芋の煮物

いかは最後にサッと加える

調理時間 25 min

2人分

1 海老芋500gは皮をむき一口大に切る。あ

2 鍋に1、水300㎖、醤油・酒各大さじ3、みりん大さじ2、砂糖大さじ1を入れ、中火にかける。

3 沸騰したらあくを取り、アルミホイルで落とし蓋をして、弱火で15分煮込む。

4 竹串がスッと通ったら生するめいか(カット済)150gを加え中火にし、5分程煮詰める。い

5 器に盛り、好みで彩り野菜を添える。

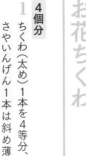

たこは揚げすぎると固く小さくなるので衣がきつね色になったら素早く取り出す

たこの唐揚げ

調理時間 15 min

2人分

1 たこ1パック(150～200g)は大きめの一口大に切り、袋に醤油・酒各大さじ1、にんにく・生姜チューブ適量と一緒に入れて揉み込み30分ほど置く。

2 1の水けをきって片栗粉大さじ3をまぶす。あ

3 180℃の油できつね色になるまで揚げる。い

4 油をきって器に盛り、レモンを添える。

あ

い

お正月や節分に、ひとつ添えると可愛いおかず

はんぺんでおかめ

調理時間 10 min

2個分

1 はさみで海苔を髪の毛、眉毛、目、鼻の形にカットする。

2 一口はんぺん(2個)にピンセットでバランスよく付ける。あ

3 カニカマ1本の赤い部分を外してデザインカッターで唇の形にカットする。ピンセットで乗せる。い

4 ハム適量をデザインカッターで丸くくり抜き、ピンセットで頬っぺの部分に乗せる。

あ
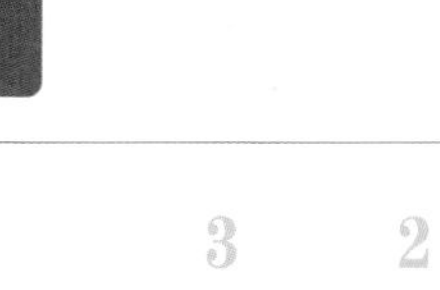

い
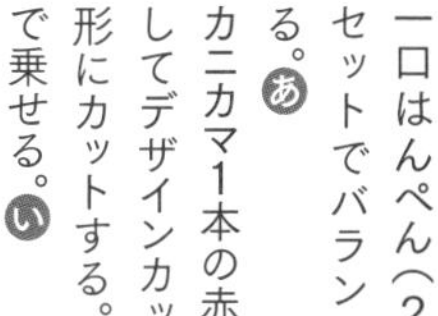

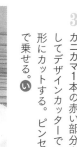

フライパンは小さめのフッ素樹脂加工のものを使う

ふんわりオムレツ

調理時間 10 min

2人分

1 ボウルに卵4個、牛乳100cc、砂糖小さじ3、マヨネーズ大さじ2、塩少々を入れ、白身を切るように、よく混ぜる。

2 フライパンにバター大さじ2を入れ、鍋肌まで溶かす。

3 フライパンに1を半量入れ、底が固まり始めたら弱火にしてゴムべらで底からそっと全体的に混ぜる。

4 全体が半熟状に混ざったらゴムべらでフライパンの手前側に卵を集め素早く形を整える。あ

5 底にゴムべらを入れて手前に半分に折りたたむように重ねる。

6 フライパンを少し傾け、底にゴムべらを入れて手前にくるっとひっくり返す。い

7 素早く器に移してケチャップをかける。

Lサイズの卵は30秒茹で時間をプラスする

半熟煮卵

調理時間 15 min

2人分

1 沸騰したお湯に卵（Mサイズ）4個を入れ7分タイマーをして茹でる。

2 1を氷水に取り30分置いたら殻をむく。

3 ジッパーつき保存袋に2を入れ、あごだしつゆ（4倍濃縮）30㎖と水90㎖を入れて冷蔵庫で半日置く。あ

4 縫い糸を使って半分に切り、器に盛る。い

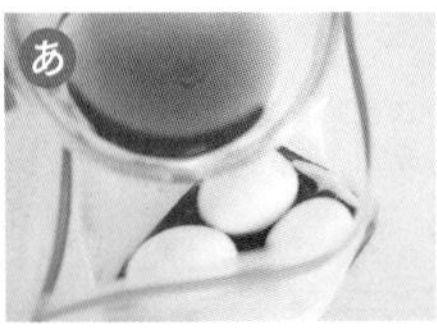

えびは後入れすると沈まない。

フライパンで作る茶碗蒸し

調理時間 25 min

2人分

1 ボウルに卵1個を割り入れ、白だし大さじ1と水150cc を入れて混ぜる。

2 1の卵液をざるや茶こしでこしながら耐熱の器に注ぎ入れる。あ

3 根元を切り落とし、飾り切りをした椎茸2個をそっとのせる。

4 アルミホイルで蓋をし、深さのあるフライパンに器の⅓程の高さまで水を入れて中火にかける。い

5 沸騰したら弱火にし、蓋をして10分間加熱する。

6 火を止めて、えび2尾（加熱済）をのせ再びアルミホイルで閉じ蓋をして10分間蒸らす。

7 絹さや、スナップえんどう、三つ葉などお好みで添える。

あ

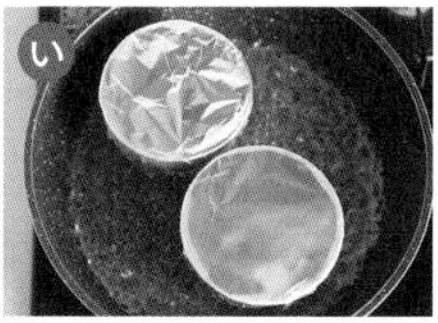

い

卵を焼いたら熱い内に形を整える

おにぎり卵焼き

調理時間 15 min

2人分

1 ボウルに卵3個を割り入れ、砂糖小さじ2、塩適量を入れて混ぜる。

2 卵焼き器にサラダ油を薄く引いて熱し、1の卵液⅓の量を流し入れ全体に広げる。

3 底が固まり始めたら奥から手前にへらで巻く。

4 出来るだけ三角形を意識して円柱状に巻く。残りも同様に焼く。

5 熱い内にキッチンペーパーに包み、手で一辺ずつ押し当て、三角形に形を整える。あ

6 好みの厚さに切り、カットした海苔で巻く。い

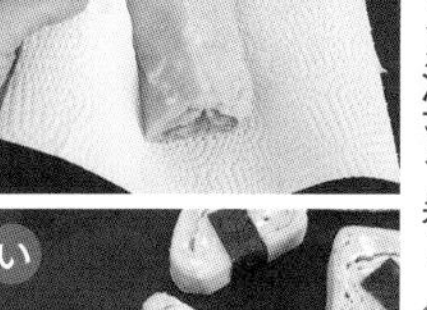

あ

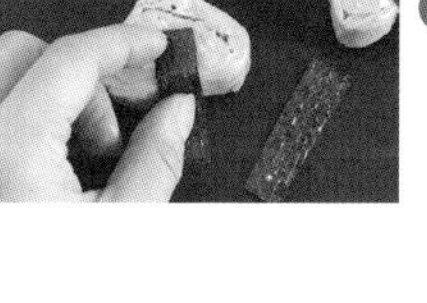

い

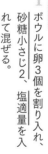

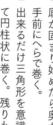

梅しらすご飯

ごま油がポイント。塩はしらすの塩気によって加減する

調理時間 5 min

2人分

1 茶碗に温かいご飯（全量2杯）をよそい、大葉1枚（全量2枚）をのせる。あ

2 手前半分に釜揚げしらす20g（全量40g）を盛り、真ん中に梅干し1個（全量2個）をのせる。

3 しらすにごま油大さじ½（全量大さじ1）をたらし塩適量をふる。い

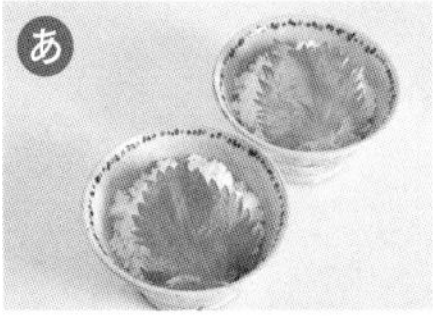

肉巻きおにぎり

豚肉は焼き色がつくまで触らない
たれは照りが出るまでしっかり煮詰める

調理時間 20 min

4個分

1 温かいご飯（茶碗2杯分）を4等分にし、俵型に握る。

2 豚ばら薄切り肉8枚(約200g)を横向きに置き、1を乗せて巻く。あ

3 もう一枚の豚肉を縦に置き少しずらしながら斜めに巻く。

4 フライパンを熱して、肉の巻き終わりを下にして中火で焼く。い

5 焼き色がついたら反対側も焼き、全体に焼き色をつけ、余分な油を拭き取る。

6 たれ（醤油大さじ2、酒・みりん・砂糖各大さじ1）を加えてとろみが出るまで煮絡める。

7 器に盛り、白いりごまを散らす。

すいかおにぎり

色付けは「デコふり」ふりかけを使用

調理時間 10 min

赤2個、黄色2個

1 温かいご飯（茶碗2杯分）を白い部分用に少し残す。残りを2つに分ける。

2 デコふり（赤・黄色）を各1袋ずつ入れて混ぜる。

3 ラップにご飯を半量ずつ乗せ三角形にぎゅっと握る。

4 ラップを外して底の部分に白いご飯を付け足し再び握る。あ

5 ラップを外し、底にあおさ粉を付け、爪楊枝で黒ごまをバランスよく乗せる。い

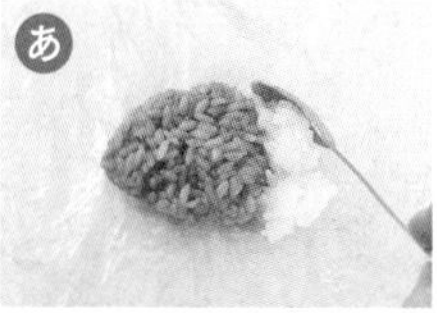
あ

い

さば缶と梅塩昆布の混ぜご飯

さばを焼くことで汁けを飛ばして香ばしく

調理時間 10 min

2人分

1 梅干し3個は種を取り除き、包丁で軽く叩く。あ

2 フライパンにごま油大さじ1を熱し、汁けを切ったさば缶（水煮）1缶の身をほぐしながら焼き、汁けを飛ばす。

3 ご飯に1、2、塩昆布大さじ2を加え、サッと混ぜる。い

4 器に盛り、ちぎった大葉2枚を添える。

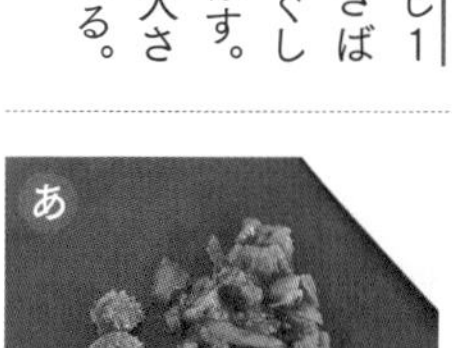
あ

い

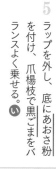

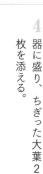

新玉ねぎはレンチンで煮込み時間を短縮

新玉ねぎの丸ごとスープ

調理時間 20 min

2人分

1 新玉ねぎ2個は皮をむき、芯をくり抜く。ベーコン2枚は細切りにする。あ

2 耐熱皿に新玉ねぎを入れ、ふんわりラップをして5分レンチン。

3 鍋に2とベーコン、コンソメ大さじ1弱、水500㎖を入れて火にかけ沸騰したら蓋をして弱火で10分煮込む。い

4 器に盛り、パセリを散らす。

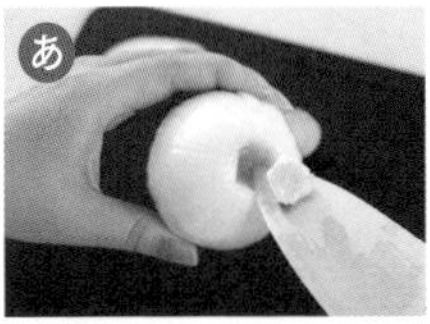

ウインナーは切れ目を入れてキャベツと最後に加える

具だくさんポトフ

調理時間 25 min

2人分

〈下準備〉

A じゃがいも1個、にんじん・玉ねぎ各½個は皮をむき、食べやすい大きさに切る。ベーコン70gは4等分にする。

B ウインナー4本は切れ目を入れる。キャベツ⅛個は芯をつなげたまま切る。

1 鍋にオリーブ油大さじ1を熱し、Aを入れて中火で炒める。油が回ったら水500㎖とコンソメ大さじ1弱を加えて蓋をして弱火で10分煮込む。

2 蓋を取り、Bを加え5分程煮込んだら、ハーブソルトで味を整える。

3 器にバランス良く盛り、ブロッコリー4房（ラップをして1分レンチン）をのせ、パセリを散らす。

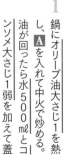

粉末の野菜出汁を使って

かぶとベーコンのミルクスープ

調理時間 20 min

2人分

1 かぶ小2個は皮をむき、葉を少し残して4等分に切る。ベーコン100gは1cm角、玉ねぎ・にんじん各½個は皮をむき、1cm角に切る。

2 鍋にオリーブ油大さじ1を熱し、1を入れて中火で炒める。あ

3 玉ねぎが透き通ってきたら水300㎖を加え沸騰したら顆粒野菜出汁2袋（10g）を加え、弱火にして10分煮込む。い

4 牛乳200㎖を加えて軽く煮込み、塩こしょうで味を整える。

5 器に盛りパセリを散らす。

あ

い

鮭は崩れないように先に焼いて取りおく

鮭じゃがきのこの味噌汁

調理時間 15 min

2人分

〈下準備〉

A 皮をむいたじゃがいも1個・鮭1切れ（一口大）、しめじ½パック（小房に分ける）

B スナップえんどう50g（へたと筋を取る）

1 フライパンに油を熱し、鮭1切れを焼き、器に取り出す。

2 鍋に水500㎖と和風顆粒だし小さじ1を入れて火にかけ沸騰したらAを入れて5分煮る。

3 Bを入れてひと煮立ちしたら、味噌大さじ2を溶き入れる。

4 1を戻し入れ軽く火を通したら火を消す。

トマトは固めのものを選び底が抜けないようにくり抜く

丸ごとトマトの肉詰めスープ

調理時間 20 min

2人分

〈下準備〉

1 トマト2個は底を少しスライスして安定をよくする。

2 へたの上部を1cm程の厚さの輪切りにして蓋にする。

3 トマトに一周包丁で切れ目を入れ、スプーンで中身をくり抜き、中身は軽くつぶしておく。

1 ボウルに豚ひき肉100g、玉ねぎ1/4個（みじん切り）を入れ、塩こしょうをして混ぜ合わせる。あ

2 くり抜いたトマトに1を半量ずつ詰める。

3 小鍋に2を並び入れ、つぶした中身と水100mℓ、コンソメキューブ1/2個を入れて火にかけ沸騰したら蓋をして弱火で10分煮込む。

4 竹串を刺し火が通っていたらそっと器に盛り、好みで粗びき黒こしょうをふり、イタリアンパセリとへたの部分の蓋を添える。い

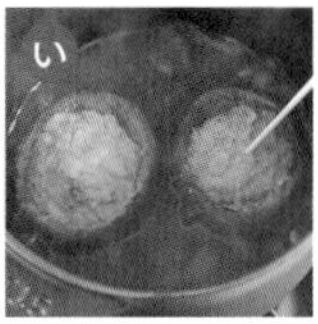

豚肉と野菜を炒めて旨味を引き出す
甘みが出るさつまいもがおすすめ

具だくさん豚汁

調理時間 25 min

2人分

1 こんにゃく1/2枚（あく抜き済み）を一口サイズの薄切りにする。

2 玉ねぎ1/2個、大根・にんじん各50g、さつまいも1/2本は食べやすい大きさに切る。

3 ごぼう50gは皮をむいて薄切りにし水にさらす。

4 フライパンにごま油大さじ1を熱し豚ばら薄切り肉100g（一口大に切る）を炒め、色が変わったら3を入れて炒める。

5 4に1と2を入れて軽く炒め合わせ水500mℓと和風顆粒だし小さじ1を加える。あ

6 沸騰したらあくを取り弱火で10分煮込み、味噌大さじ2を溶き入れ火を止める。い

7 器に盛り、好みで万能ねぎ（小口切り）、ごま油大さじ1、七味をかける。

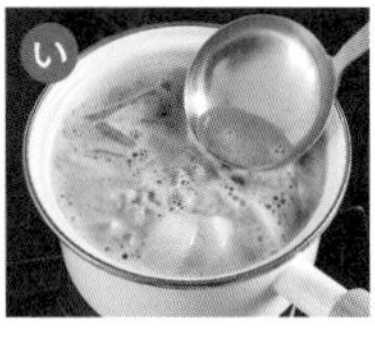

PART 3

週末ごちそうごはん

かんたんなんだけど、焼き時間やパーツの組み立てに
ちょっぴり時間がかかる料理たち。
記念日やイベントなどに作れば、
わぁっと場が盛り上がること間違えなし！

ローストビーフのちらし寿司ケーキ

型が無い場合は牛乳パックで代用
酢飯は隙間なくしっかりと押さえて平らに整える

調理時間 25 min

2～4人分

1 材料を用意。あ

2 温かいご飯2合に市販のすし酢大さじ6を加えて混ぜ、柴漬け30g（みじん切り）も加えて混ぜる a。

3 直径15㎝のケーキ型にラップをしく b。

4 酢飯の半量を詰める c。

5 錦糸卵（卵2個分）の半量を乗せる d。

6 残りの酢飯をしゃもじでぎゅっと押して平らに整える。

7 皿を被せひっくり返して型とラップをそっと外す e。

8 残りの錦糸卵を乗せる。い

9 ローストビーフ（P.106）100～200gを花に見立て、くるっと丸める。う

10 酢れんこん6～7枚（P.85参照）、茹でた菜の花適量、いくら30gをバランスよく盛りつける f。

カンタン POINT!
菜の花は大葉やスナップえんどうでも。

あ

い

う

調理のPOINT!

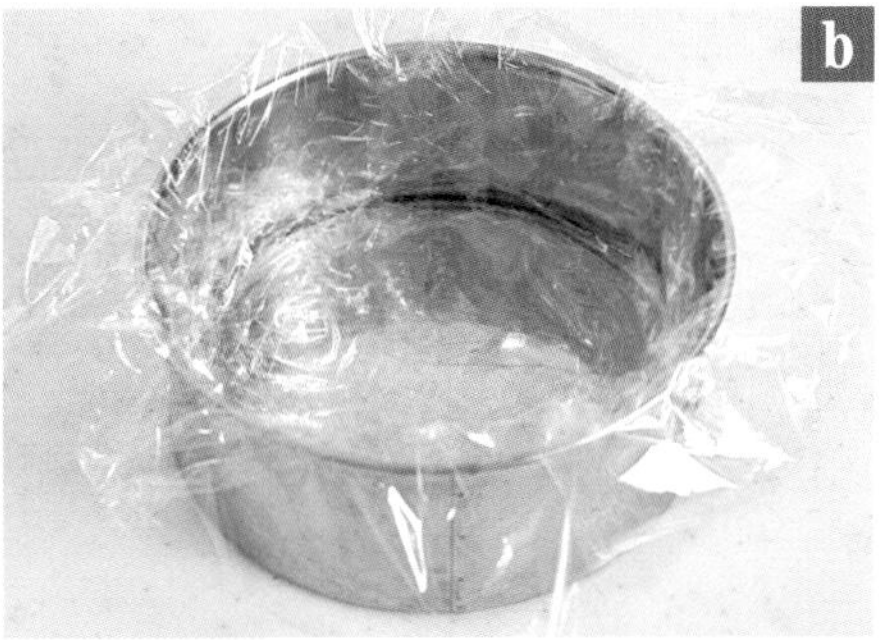

バレンタインデーのメインディッシュに

ハートのハンバーグパイ

調理時間 25 min
（焼き時間30分）

2人分

1 ボウルに玉ねぎ½個（みじん切り）、合いびき肉200g、パン粉20g、牛乳大さじ2、塩小さじ½、塩こしょう適量を入れて手でよくこね、2等分にし、ハート型に形を整える。あ

2 縦横約10cmのハートの型紙を作る。い

3 冷凍パイシート2枚（11×18cm）は15分程室温で解凍し、ラップごしにめん棒で2倍の大きさに伸ばす。

4 型紙を乗せ、包丁でハートを2個切る。う

5 4をクッキングシートに乗せ、1の肉だねを乗せる。肉だねは手のひらで包み込むようにハート形にする a。

6 もう1枚のパイシートに型紙を乗せ、型紙から1cm程大きめのハートを2個切る b。

7 肉だねの上にかぶせ、端を優しく指で伸ばすように重ねる c。

8 縁をフォークでしっかり押さえる d。

9 卵黄小さじ1・水小さじ1を混ぜ、刷毛で7に塗る e。

10 残りのパイシートを丸めてめん棒で伸ばし5mm幅に切る f。

11 8にバランスよく乗せ、さらに卵黄を塗る g。

12 200℃に予熱したオーブンで25分～30分焼く h。

13 ケチャップ大さじ2とソース大さじ1を混ぜてソースを作る。器に盛り、野菜適量を添える。

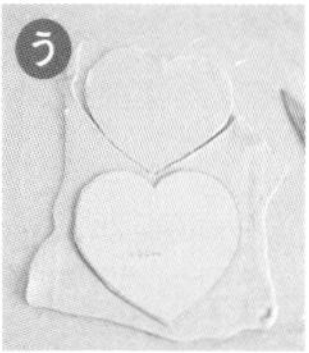

調理のPOINT!

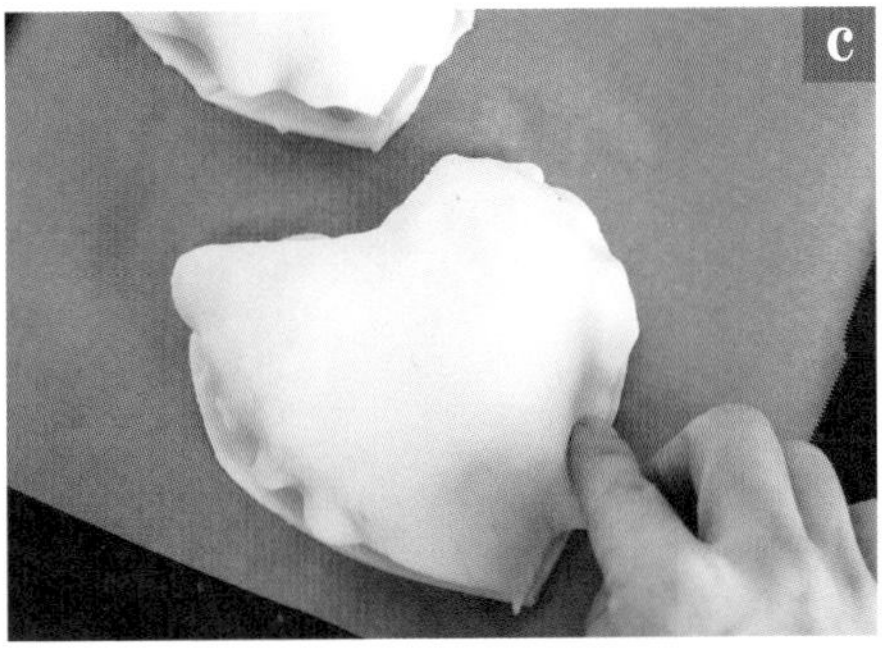

カンタン
POINT!
お肉は常温に戻してから
焼くのがコツ。

フライパンで焼いたらアルミホイルで包むだけ
熱い内にカットすると肉汁が流れ出すので注意

ローストビーフ

調理時間 15 min

2～4人分

1 牛もも肉（ブロック）400gは常温で1時間置く。水けをキッチンペーパーで取る a。

2 全体に塩・こしょう・粗びき黒こしょう各適量をまんべんなくふる b。

3 フライパンにオリーブ油大さじ1を熱して、2を入れて中火で2分焼いて焼き色をつける c。

4 上下を返し1分焼き、残りの面も1分ずつ焼く d。

5 焼き色がついたら蓋をして2分弱火で焼く e。

6 5を取り出し、二重にしたアルミホイルに置いて包み、約1時間置く。あ

7 肉を焼いたフライパンに、醤油・砂糖各大さじ1、赤ワイン大さじ2、バター10g、塩こしょう適量を入れて弱火にかけ、沸騰したら火を止める。

8 肉を3～5㎜程度の薄切りにする。い

9 器に盛り、レタス・レモン各適量を添え、食べる時に7のたれをかける f。

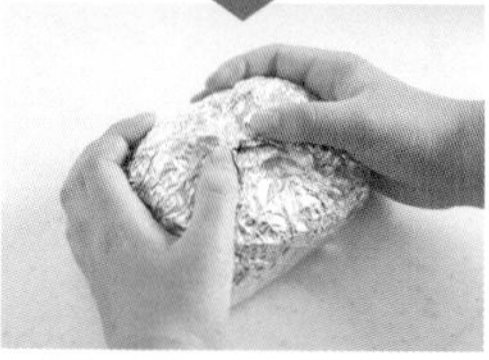

調理のPOINT!

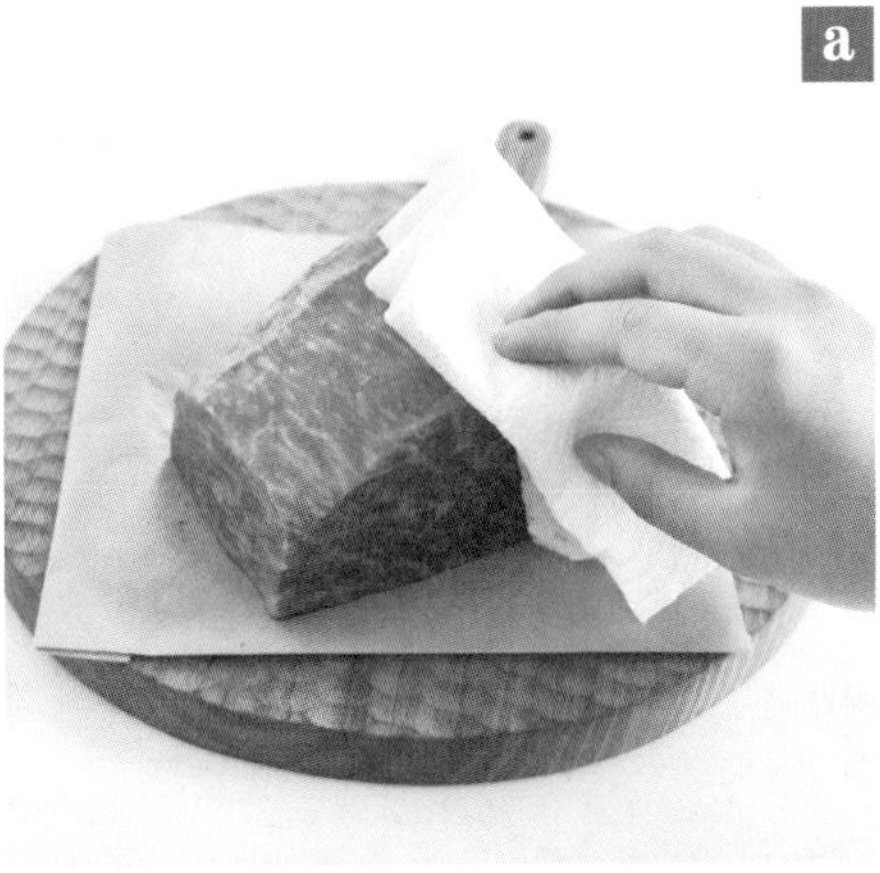
a

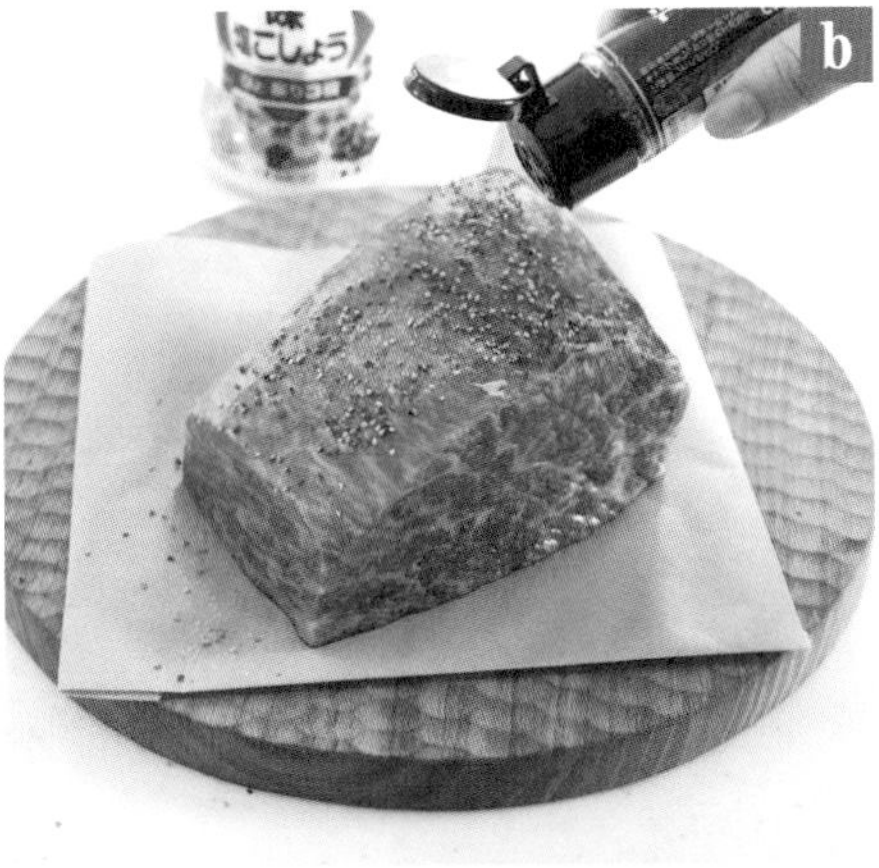
b

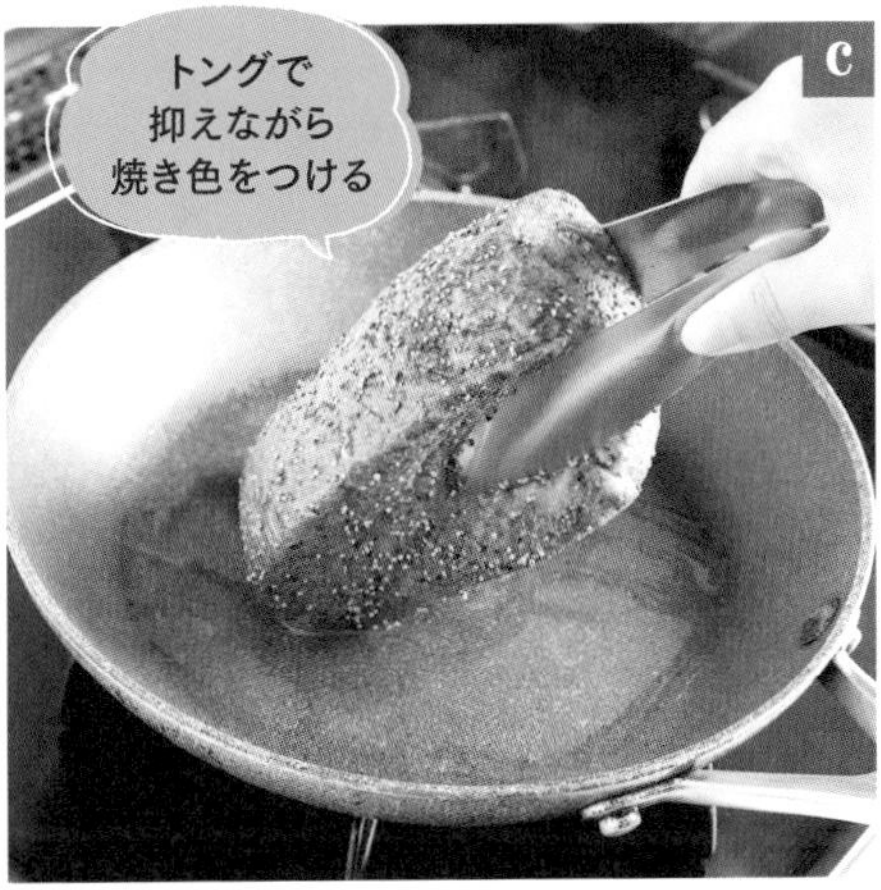
c
トングで
抑えながら
焼き色をつける

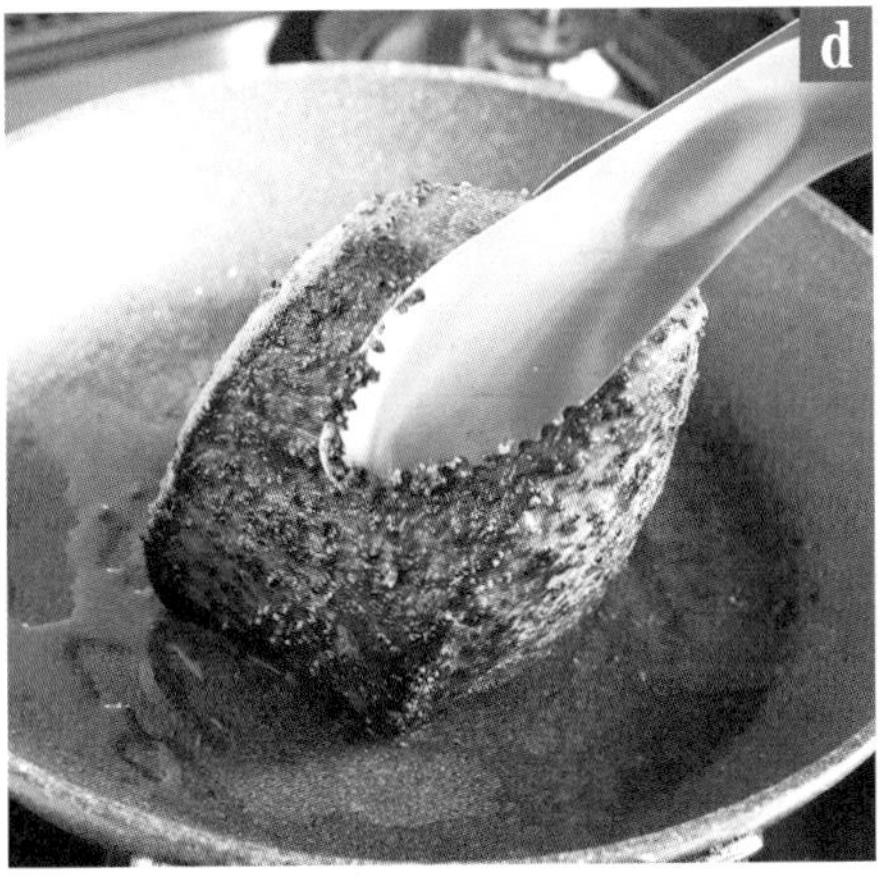
d

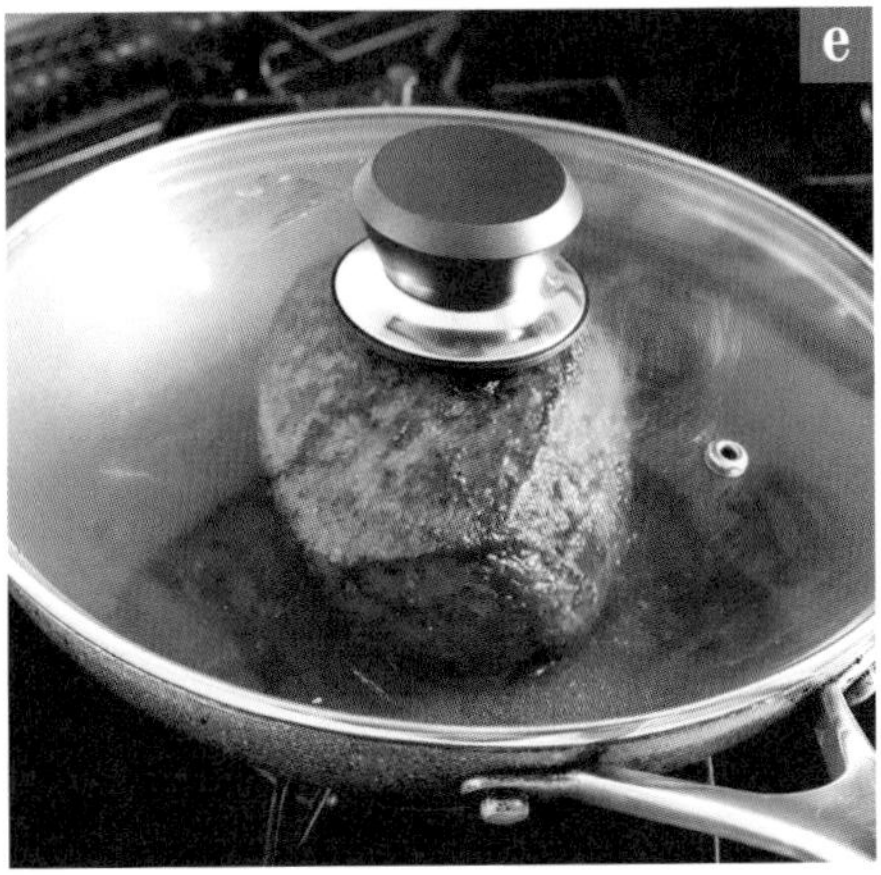
e

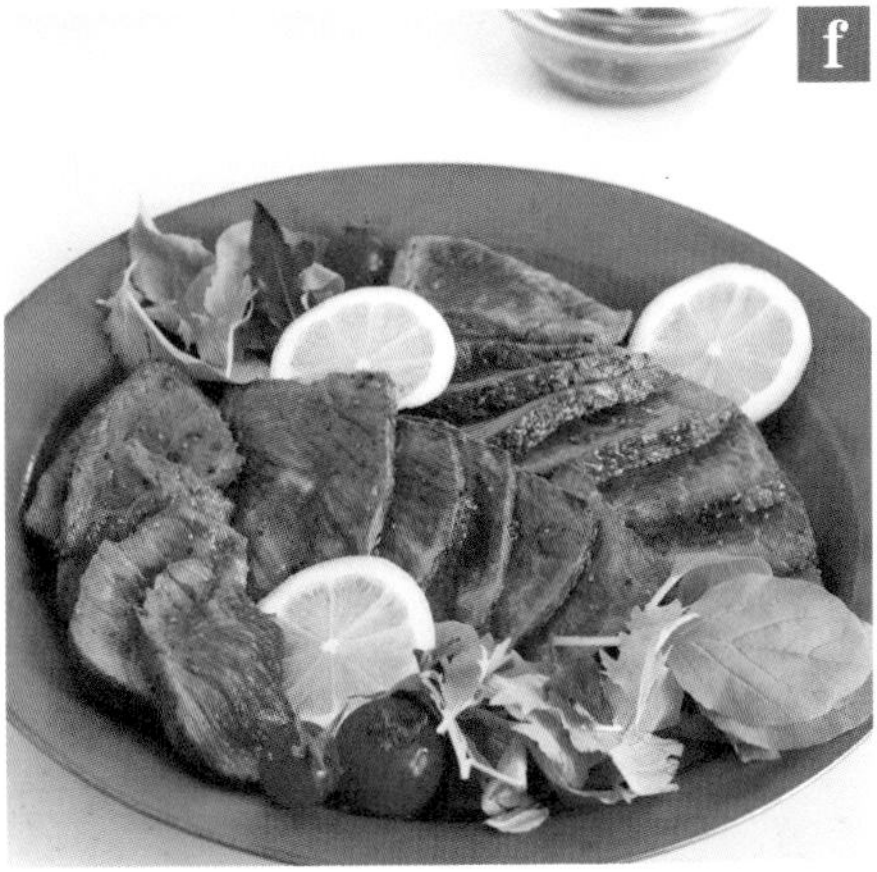
f

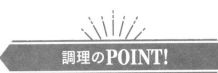

卵液に具材を入れる際は粗熱が取れてから

キッシュ

調理時間 30 min
（焼き時間30分）

2〜4人分 18㎝のタルト型

1 オーブンは200℃に予熱し、冷凍パイシート2枚（11×18）は常温に戻して解凍する。

2 ほうれんそう½束は洗って4㎝幅に切り、玉ねぎ¼個は薄切り、しめじ50gは小房に分け、ミニトマト3個は横半分にベーコン50gは1㎝幅に切る。あ

3 溶かしたバター適量をタルト型に塗る。

4 フライパンに油を熱し、ベーコン、玉ねぎ、ほうれんそうの茎の部分を入れて中火で2分炒め、残りのほうれんそうとしめじを加え、塩こしょうをして更に2分炒め粗熱を取る。い

あ

い

5 まな板にラップを敷く。パイシートの端を1㎝程重ねて置き、ラップをかぶせてめん棒でタルト型より一回り大きく伸ばす a。

6 タルト型に敷き、はみ出た部分は取り除き底の部分にフォークで数ヵ所穴をあける b。

7 ボウルに卵2個と生クリーム100㎖を入れて混ぜ、ピザ用チーズ50g、塩こしょうを加えて混ぜる。粗熱が取れた4を加えて混ぜ、6に流し入れる c。

8 ミニトマトを乗せる d。

9 200℃のオーブンで25〜30分焼く。粗熱が取れたら型から外す e。

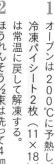

調理のPOINT!

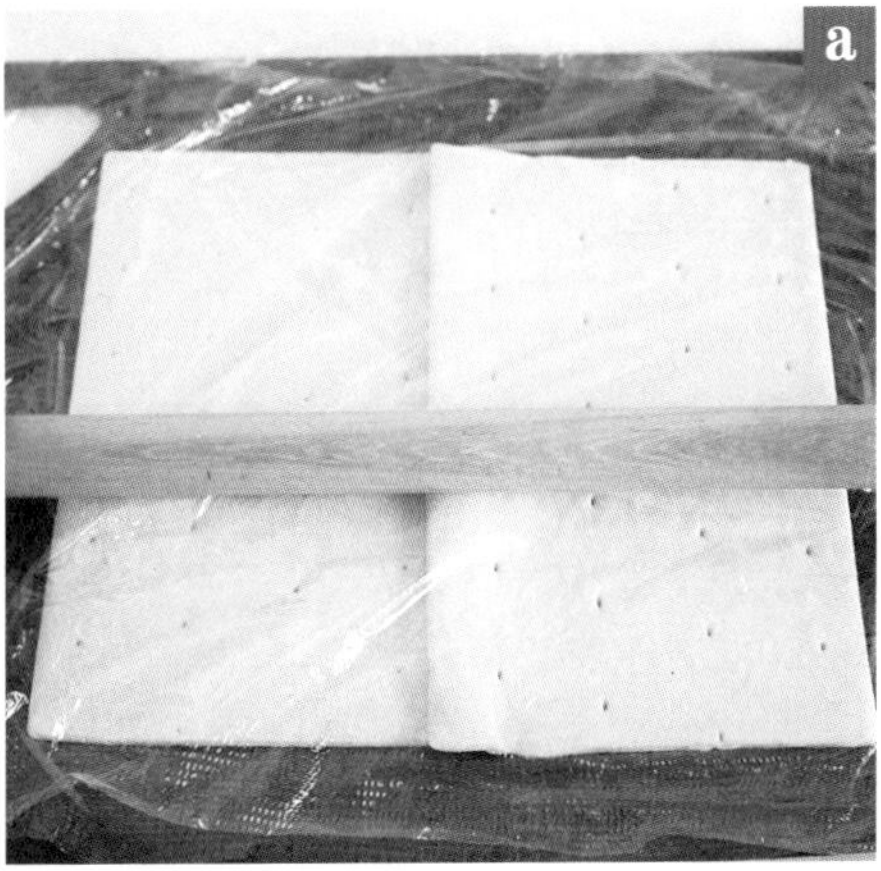

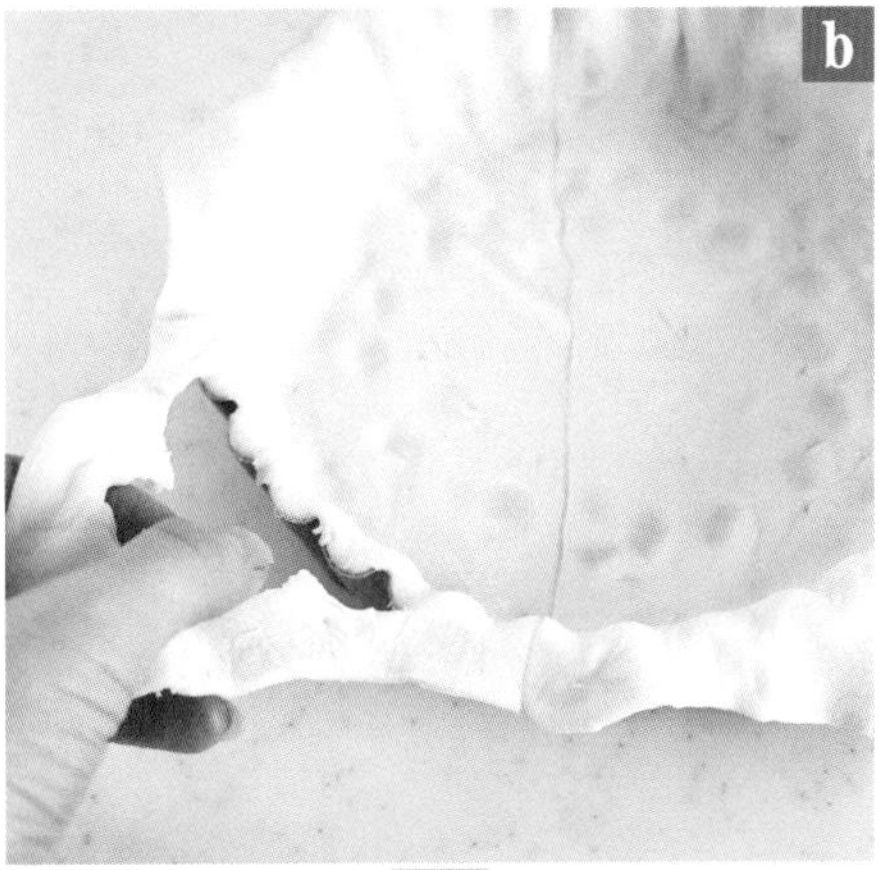

カンタンPOINT!

パーツがつきにくい時はマヨネーズを少量付ける

マヨネーズが多いと成形しにくいので注意

クリスマスオードブル

調理時間 20 min

材料

あ

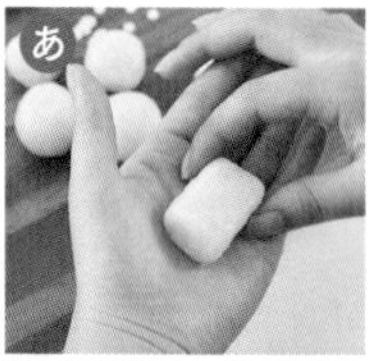

い

う

下準備

〈マッシュポテト〉

1 じゃがいも2個（150g）は皮をむき、1㎝幅に切り、耐熱皿に入れ、さっと水にさらしてラップをし、3分レンチン。

2 フォークでつぶしてマヨネーズ大さじ1を加えて混ぜ4等分にする。

3 マッシュポテトの¼量でサンタの頭部2個、帽子用に小さい丸を2個ずつ丸める。

4 ½量で雪だるま用に大小の丸を2個ずつ丸める。

5 残りの¼でツリーの土台用に四角く形を整える。あ

〈きゅうり〉

1 きゅうり1本のへたを切り落とす。

2 雪だるま用に小さいバケツの形にカットする。

3 ツリー用にピーラーで4枚分スライスする。

〈パプリカ〉

1 黄パプリカ少量を雪だるま用の鼻にパプリカを小さくカットする。

〈トマト〉

1 ミニトマト2個の上部¼をカットし、下部も安定するよう薄くカットする。い

〈スライスチーズ〉

1 スライスチーズ少量は雪だるまのボタン用にストローで4個くりぬく。

2 サンタの髭用に爪楊枝で2個くり抜く。う

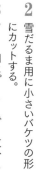

組み立てのPOINT!

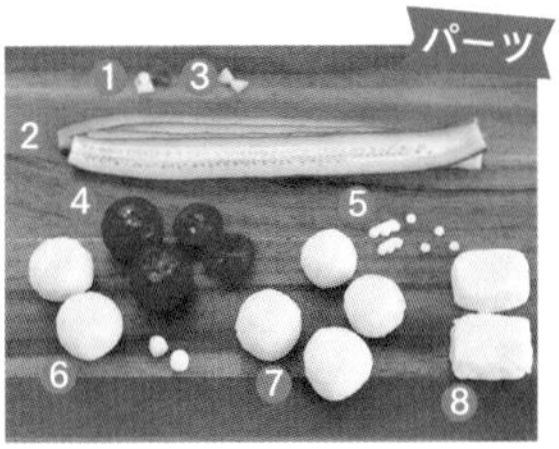

❶雪だるまのバケツ帽子　❷ツリー　❸雪だるま鼻
❹サンタの帽子・服　❺雪だるまボタン、サンタのヒゲ
❻サンタ頭部・帽子飾り
❼雪だるま頭・体　❽ツリー土台

サンタクロース

クラッカー4枚にクリームチーズ1個を¼量ずつ塗る。

1の上にサンタの体のトマト→頭（マッシュポテト）→帽子（トマト）をのせる。

爪楊枝を使い黒ごま（8粒）で目をつけ→ひげも付ける。

爪楊枝にケチャップを少量つけ、頬っぺをつける。

ツリー

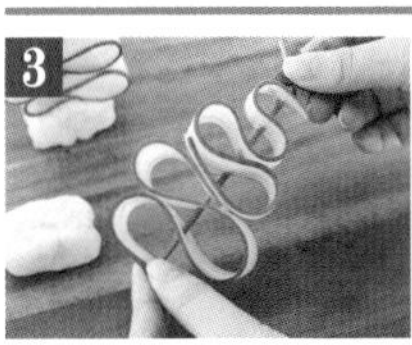

ピックや爪楊枝にスライスしたきゅうりを通し→土台（マッシュポテト）にさす。

雪だるま

体に頭をのせ→バケツの帽子（きゅうり）をのせ→目（ごま）→鼻（パプリカ）→ほっぺ（ケチャップ）→ボタン（スライスチーズ）を付ける。

トースターで焼き目を付けたパスタ1本を適当な長さに折り、体に刺して腕を付ける。

クリスマスを盛り上げる可愛い脇役

hitomi
彩りや盛り付けなど、目で見て楽しめるごはんを日々Instagram@hitomi_kawakamiに投稿。
元々料理はあまり得意ではなく、テンションを上げるためにインスタグラムの料理写真を見ていたら器にハマり、さまざまな器を収集し始める。お気に入りの器をみんなに見てもらいたい、器に合わせて料理を作りたいとの思いが募り、家族で食べる料理をInstagramで紹介するようになる。美しい彩りや盛り付けにフォロワーがたちまち急増し、人気インスタグラマーに。企業の商品撮影、レシピ開発、フードコーディネーターとしても活動中。

●STAFF
デザイン：田中小百合（オスズデザイン）

盛《も》り上《あ》がる
ごちそう見《み》えごはん

2024年5月28日　第1刷発行

著　者　hitomi《ヒトミ》
発行者　清田則子
発行所　株式会社講談社
　　　　〒112-8001　東京都文京区音羽2-12-21
　　　　販売　TEL03-5395-3606
　　　　業務　TEL03-5395-3615
編　集　株式会社　講談社エディトリアル
代　表　堺　公江
　　　　〒112-0013　東京都文京区音羽1-17-18
　　　　護国寺SIAビル6F
　　　　編集部　TEL03-5319-2171
印刷所　TOPPAN株式会社
製本所　株式会社国宝社

定価はカバーに表示してあります。


落丁本・乱丁本は、購入書店名を明記の上、講談社業務あてにお送りください。

送料小社負担にてお取り替えいたします。

なお、この本についてのお問い合わせは、講談社エディトリアルあてにお願いいたします。

N.D.C.594 111p 21cm ISBN978-4-06-535345-5